拷問はいま……癒されぬ傷跡

アムネスティ・インターナショナル著

現代人文社

TAKE A STEP TO STAMP OUT TORTURE
(AI Index: ACT 40/13/00)
by
Amnesty International Publications
Copyright ©Amnesty International Publications 2000

目次

序		6
第1章	拷問の現在	16
	警察による拷問	24
	残虐な、非人道的なまたは品位を傷つける拘禁状況	29
	「合法的拷問」——刑罰としての身体刑	33
	家庭や地域社会における暴力	37
	拷問——戦争の道具	40
第2章	差別——拷問の温床	44
	人種差別と拷問	46
	女性への拷問	54
	拷問と性同一性	62
	子どもへの拷問	69
第3章	免責——拷問廃止への最大関門	76
	免責——世界規模で対処すべき問題	78
	正義への障害物	81
	拷問加害者に安全な聖域はない	88
	国際法廷	91
第4章	拷問との闘い——行動のための覚書	94
	拷問の予防——獄中の拷問防止措置	97
	活動戦略をたてる	103
	拷問廃止に国際組織をどう活かすか	104
	人びとの意識の改革	106
	拷問器具の売買を止めるために	109
	拷問から逃れてくる人びとを守るために	113
	医療専門家と拷問	116
	拷問被害者への支援	118
	勧告——拷問廃止のための29カ条	120

拷問を止めよう
   アムネスティ・インターナショナルの「拷問廃止キャンペーン」 128

付録1 アムネスティ・インターナショナル
   拷問禁止のための12項目プログラム 132

付録2 拷問禁止のための国際基準一覧（抜粋） 134

付録3 拷問等禁止条約の各国による批准および受諾・留保の状況 137

注 141

序

　1998年10月16日金曜日、英警察はロンドンにおいて、チリの元軍事政権大統領アウグスト・ピノチェトを逮捕した。ピノチェトが英国で拘禁されたというこのニュースに、世界中が沸き立った。それは、なぜだろうか。何百万もの人びとにとって、チリのこの元統治者の名前は、拷問、殺害、政治的抑圧の代名詞に等しかったからである。結局は2000年3月に、ピノチェトは健康上の理由からチリに帰国することが許されたが、この人物の逮捕によって人権擁護活動の風景は一転した。絶対的な権力で自国を治めている人物でさえ、もはや訴追を免れ得ないことがはっきりしたのである。

　ピノチェトが軍事クーデタによって権力の座についてから25年以上にわたり、チリの人権活動家は拷問を行なった人びとの責任を追及するために勇敢に闘い続けてきた。ベロニカ・デ・ネグリは、正義を追い求めて長いあいだ苦闘した末、1999年、やっと英国議会上院の傍聴席でアウグスト・ピノチェトに対する法的手続きが進められるのを自分の目で確認することができたのだ。

　ベロニカ・デ・ネグリは1975年にチリの秘密情報機関から拷問を受けた。元共産党活動家の彼女は、バルパライソ近くの海軍基地と首都サンティアゴにある強制収容所で殴られ、強姦された。「身体的にも精神的にも虐待を受けました。……生理用タンポンを与えないといった小さな嫌がらせだけでなく、ネズミを使ってとても言葉で言えないようなこともされました。詳しく思い出すことは、辛くてとてもできません」。1977年、ベロニカは国を逃れた。

　9年後の1986年7月、今度は息子のロドリゴがチリ治安部隊の犠牲となった。ピノチェト政権下では、取調室のなかで拷問が秘密裏に行なわれただけでなく、路上でも堂々と行なわれた。「私は何カ月も拷問を受けながら、生き残ることができました。でも、息子は10分間の拷問で命を落としてしまいました」。

　ロドリゴ・ロハス・デ・ネグリと友人のカルメン・クインタナは、サンティアゴ郊外の貧しい街を歩いていたところ、チリ軍の警ら隊に取り囲まれた。兵士たちは二人を路地裏に引きずり込み、殴った上に、骨を折るけがを負わせた。この襲撃を生き延びたカルメンの証言によれば、30人ほどがこの暴動に関わっていたという。目撃者の目の前で、兵士たちはカルメンとロド

©Reuters/Rafiqur Rahman

バングラデシュのダッカで、女性に対する「拷問、残虐行為、抑圧」を止めるよう求める女性たちのデモ。1997年8月。

リゴに灯油をかけ火を付けた。兵士たちは二人の黒焦げになった体を毛布で包み、どぶ川に投げ込んだ。ベロニカが病院で息子のロドリゴに会ったのは、彼の死後何時間も経ってからである。息子と意思を通わせようとして、そのとき母親にできたことは、ただ息子の足の裏をさすることだけだった。

　この事件についてのチリ当局の反応はどうだったか。

　サンティアゴで6,000人がロドリゴの葬儀に参列していたとき、機動隊は彼らに放水銃を向けたのである。アウグスト・ピノチェトは自ら国営放送にテレビ出演し、すべて証拠がそろっているにもかかわらず、ロドリゴの火あぶりについて軍のいかなる関与をも否定した。結局ピノチェトは、世論に後押しされるかたちで、調査のための特別判事を任命した。しかし、調査結果は、警ら隊に無罪放免。ただ一人、警ら隊長が「過失」責任を問われ起訴されただけである。

　アウグスト・ピノチェト自身に、彼の政権下で行なわれた数多くの拷問の責任を問うための努力が続けられている。過去25年間、拷問に反対する闘いは多くの成果をあげてきた。いまやピノチェトの免責にも挑戦するときが来たのである。国境を越えた人権擁護運動が沸き起こり、その努力のおかげで、拷問を禁止しそれを防止する責任が政府にあることを明確にした数多くの新しい国際基準が採択されてきた。各国政府がきちんと約束を果たすよう働きかける数かずの国際人権機構も整備されてきた。

　このように拷問廃止の動きは進展を見たにもかかわらず、拷問者は数え切れないほどの犠牲者たちに、耐え難い身体的苦痛や精神的苦悩を与え続けている。拷問者が責任を免れているあいだ、犠牲者の傷は癒されることはなく、その社会は内側から汚染されていく。

　本書をもって、アムネスティは、新たな拷問廃止キャンペーンを開始する。なぜ拷問が根強く存在するのか、その理由を検証する。拷問や、その他の残虐な、非人道的なまたは品位を傷つける取り扱いまたは刑罰（すなわち虐待）の撲滅という目標を達成する道筋を探る。この報告書の準備にあたり、アムネスティは195の国と地域に関して独自の調査を行なった。調査期間は1997年初頭から2000年半ばまでである。拷問に関する情報はたいていの場合、隠蔽され、文書に記録するのが困難である。よって、この報告書で明らかにされている数字は、ほぼ間違いなく実際の拷問の数より控えめなものになっている。

　統計結果は衝撃的だ。1997年以来、150以上の国ぐにで公務員による拷問・

序

自国での拷問を逃れて米国に来たトーゴの女性が、郡刑務所で難民申請の結果を待っている。1998年12月。

虐待が報告された。これがさらに拡大していたり、あるいは何ら改善が見られなかったりした国は、70カ国以上ある。また、80を超える国ぐにで、拷問による死亡が報告されている。犠牲者のほとんどが刑事犯罪の被疑者か有罪判決を受けた受刑者で、拷問をする側のほとんどが警察官であった。

　この厳然たる証拠に基づいて、緊急に対策を講じなければならないことは言うまでもない。すべての人間は拷問の恐怖にさらされずに生きる権利を持っている。国家は、国際人権法を紙の上だけの約束にとどまらせず、確実にそれを実施し、人権法に謳われている保護を与えなければならない。各国政府は責任を果たし、当局関係者には、この責務を遵守させなければならない。

　法は、どんな状況下であろうとも拷問が絶対に許されないことを明言している。しかしながら法を実行する役割を担っている者が、たびたび法を軽んじる。国によっては、政府が権力を保持し続けるための手だての一つとして拷問を使っている。さらに多くの国では、政府が口先だけで人権を尊重すると言っているが、聞こえのいい言葉の裏では、拷問者に責任をとらせる政治的意思が

根本的に欠如している。世界中で、拷問者が犯罪を行なっているのに免責される。他のどの要因にも増して、免責は、拷問がたとえ違法であっても、黙認され得るというメッセージを送っていることになる。

　1960年代、冷戦の緊張のさなか、アムネスティが初めて拷問を告発して以来、世界の変貌ぶりは計り知れない。拷問との闘いもまた発展してきた。拷問が行なわれるのは、軍事政権や独裁政権下に限られないことは明らかになっている。拷問は民主主義国家においても行なわれている。さらに、拷問の犠牲者には、政治囚だけでなく刑事犯罪の被疑者もいる。反体制を掲げる人だけでなく不遇な環境にあるだけで拷問を受ける人もいる。信条だけでなくそのアイデンティティによっても拷問のターゲットにされる。女性も男性も、大人も子どももターゲットになるのだ。

　過去40年にわたって世界中で起きた女性運動の結果、強姦やドメスティック・バイオレンスのように日常生活のなかで女性が受ける虐待に対して、今では、以前より高い関心が持たれるようになった。このことは、拷問が公務員によるものであろうと、私人によるものであろうと、それを防ぎ処罰する責任を果たすことを政府に要求する動きにはずみをつけた。

　技術開発は、拷問の方法と、それと闘う可能性の両方に影響を与えた。電気ショック器具は拘束、統制そして処罰のために開発されてきた。それと同時に通信技術によって、拷問廃止運動の活動家は新しい方法で組織を作れるようになった。今日、拷問者にとって身を隠すことはかつてより難しくなっている。なぜなら、新しい国際活動家ネットワークやその連合体が、彼らがどこへ行こうと追跡できるからである。

　拷問が行なわれれば、何時間か後には世界中の新聞で報道される。何百万もの人びとがメディアを通して拷問の現実を知ることとなる。同胞の痛みと苦難

> 「身体を無理に引き伸ばしてはしごにくくりつける、手首を縛って宙吊りにする、電気ショックを与える、指の爪を引っ張ってはがす、脚に酸をたらす、肛門に割れたビンを挿入する、延々とむちを打つ……私たちは、こうしたむちゃくちゃな拷問の方法を、自ら体験し、また他の人がそれを受けるのを目撃もしました。拷問で受けた傷が何年もかかって治った人もいれば、一生治らない障害を身体に負った人もいます」
> (シリアの刑務所から密かに持ち出された手紙、2000年1月)

序

インドのボンベイ、チョウパーティー海岸で、警察官が「ラティ」と呼ばれる長い木の棒を振り上げながら、路上で食べ物を探している子どもに近づいている。

を目撃した人びとにとって、それを知ったことが責任を負う理由となる。それは、個人として、専門家として、地域社会の一員として、拷問撲滅へ向けて一歩近づくためにできる限りのことを行なうという責任である。

　過去2、3年のあいだに、拷問を行なったと申し立てられた者が自国で裁判を免れても、国際的に責任を問うことのできる、画期的な方法がとられるようになってきた。拷問、その他の国際的な人道に対する犯罪を裁こうという国際刑事裁判所の設置へ向けて、意義深い歩みが進められてきた。セネガルで出頭を命じられ、拷問を含む人権侵害で起訴、自宅軟禁におかれたチャドの元大統領ヒセイン・ハブレ、そして英国で逮捕されたアウグスト・ピノチェトの例は、どちらも行政当局による裁判手続きへの巧みな妨害があったものの、拷問者がどこにいようと裁判にかけるという裁判所の強い意図を明確に示している。

　私たちのまわりの世界はすっかり様変わりしたというのに、歴史上のまさに今この時点において、拷問が依然としてなくなっていないことは、人類の進歩の概念そのものを問い直させる。50年以上前に作られた世界人権宣言のなかで誓ったこと、すなわち「何人たりとも拷問およびその他の残虐な、非人道

11

的なまたは品位を傷つける取り扱いまたは刑罰を受けない」(*1)ことの遵守を、各国政府が一緒になって怠ってきたことこそが責められるべきなのだ。

　この報告書は今日の拷問が抱えている問題を述べるにとどまらない。拷問撲滅のために何をすべきか、についても具体的に提示した。

　アムネスティの新しい「拷問を止めよう」キャンペーンでは、拷問を撲滅するために世界中の人びとの力を結集する。このキャンペーンは、拷問に反対するための調査や活動を40年以上にわたって行なってきたアムネスティの経験の上に築かれている。100万人以上の会員を擁するアムネスティは、国境を越えた反拷問ネットワークを強化するため、ほかの人権擁護団体、労働組合、地域社会の諸組織、そして関心を持つ個人と共働することを目指している。

　キャンペーンの戦略は以下の3つの領域での進展を獲得することである。すなわち、①拷問の防止、②差別との闘い、③免責の克服、である。

　拷問防止のノウハウに関する情報は少なくない。拷問が起こる可能性を減らすために政府が活用できる手続き、法律、国際条約は整えられてきた。公務員による拷問防止のためにアムネスティが提示した「拷問禁止のための12項目プログラム（巻末付録1参照）」は、拘禁中の拷問を防ぐための最も重要な手だてを列挙している。このキャンペーンでアムネスティは、拷問に反対してこれらの手だてを実施すると宣言するよう、世界中の政治指導者に求めるつもりである。世界中のアムネスティ支部、グループ、会員は、拷問に対する人びとの関心を高め、拷問を止めさせるための活動を強化する。拷問と闘うための国内での活動は、アムネスティと、20カ国以上にある協力団体が、展開、実施する。　このキャンペーンのあいだに拷問廃止に関する認識が深まり、連携が強固なものとなっていけば、これからの拷問廃止のための闘いにそれはきっと役立つことであろうし、期待されている。

　さらに、キャンペーンでは、差別と拷問とのつながりを強調し、差別と闘う行動を起こすよう各国政府に要請する。拷問は、犠牲者の人間性を奪うものである。犠牲者が社会的、政治的、民族的に不利なグループの出身者である場合、非人間的な取り扱いを受けやすい。アムネスティは、拷問と見なされる女性への暴力との闘い、2001年に開催される国連人種差別会議におけるロビイング活動、子どもへの拷問や、レスビアン、ゲイ、バイセクシャルおよびトランスジェンダーへの拷問に反対する活動などに焦点を合わせている。

序

©James Nachtwey/Magnum Photos

チェチェンの首都グロヌズイの「平和通り」に立つ孤児。1996年。現代の紛争では、民間人への武力制圧は、戦争の一般的な手段である。これが、日常的な拷問のひきがねとなっている。

免責は、拷問の存続を許す主要な要因の一つである。免責は、拷問から人びとを保護するために長年にわたって築き上げてきた制度を無力にしてしまう。社会の防御力が弱まると、テロや犯罪の撲滅といった、日和見主義的に使われる理由づけや、あるいは難民としての保護を求めてやってきた人びとに対する敵意が、拷問を正当化してしまいかねない。拷問者が法の裁きを受けなければ、拷問をしても責任は問われないことを人びとに信じさせることになる。それは同時に、犠牲者やその家族が真実を明らかにすることを妨げ、彼らに正義をもたらすことができなくなる。アムネスティの各国支部はそれぞれの国の国内法規を整備し、起訴をするか、または他国で確実に拷問者を裁判にかけるようキャンペーンを行なっていく。このキャンペーンはまた、拷問の責任者を確実に裁判にかけるような国際的な仕組みを強化することも求めていく。

　私たちは、政府によって拷問をなくすという約束が守られるのを、あまりに長く待ちすぎた。拷問廃止キャンペーンは一般市民によって担われるべきである。人権擁護活動家とその支援者が、いまこそ力を結集して、拷問に対する闘いの歩みを進め、政府に責任をとらせるために行動するときが来ている。拷

問があまりに蔓延していて意気阻喪させられるかもしれないが、団結して立ち上がれば、そのキャンペーンは人びとに力を与え、行動のきっかけを与えることができる。一般市民が無関心でいるから、拷問者はのさばるのだ。無関心を怒りへ、怒りを行動へと転換していくことこそが私たちの務めなのだ。

第1章　拷問の現在

「正直なところ、私が味わった恐怖は、とても言葉ではあらわせません」。
「私は目隠しをされ、監房へ連れて行かれました。そこには、『パンサー』(*2)と呼ばれる男が待ちかまえていました。彼は目隠しを外すと、私を殴り始めました。私は服を脱がされ、3メートル四方ほどの小さい部屋に連れて行かれました。その部屋には30人以上もの人が詰めこまれていたのです。私はそこで、人間が他の人間に対し、どれほどひどい仕打ちができるかを、目の当たりにしました」。
——想像してみてください。私の腹に、熱い鉄が押しつけられるところを……。
——想像してみてください。美容師の使うような鋭いはさみを……。そしてそれを使って、まるで布を切り取るように、背中の肩甲骨のところから私の皮膚がはぎとられるところを……。
——想像してみてください。車の修理工が使っているようなペンチを……。そのペンチで、囚人仲間がなすすべなく見つめるなか、『パンサー』が私の爪をはがしているところを……。
——想像してみてください。喉元にカラシニコフ銃を突きつけられ、他人の尿を飲むよう強制されているところを……。
——想像してみてください。ぎざぎざの刃のついた小さなテーブルナイフで、私の舌が刺し貫かれているところを……。ほら、まだ傷痕が残っている……。
「天気のいい日に、一人の男がやって来て『アドリアン・ワイはお前だな。今夜、午前2時に、お前はパスポートのない旅に出る。マカラ・キャンプで殺されて、他の奴らみたいに川へ投げ込まれるんだ……わかったか』と言いました」。
「助かる見込みがなくなると、人は恐怖を感じなくなるものだということを知りました。生きる希望をまったく失った私は、もう死ぬことも怖くはありませんでした。ただ一つ残念に思ったのは、私が死んでも子どもたちの来てくれるお墓はないだろうということでした……」。

ケニアのナイロビで、抗議行動をしている人を警察官が襲撃している。1997年7月。97年の選挙準備期間には、警察が民主化を求める平和的デモを警棒、催涙ガス、放水銃を使って何度も制圧した。

ジャーナリストのアドリアン・ワイは、1997年10月、コンゴ共和国ブラザビルのバコンゴで、民兵組織により、12日間にわたって拘禁された。逮捕された理由は、敵対する民兵組織の指導者とつながりがあるというこ

とだった。彼の背中、舌、そして手首には、まだ傷痕が残っている。だが、残った傷痕はそれだけではない。記憶喪失や難聴、視覚障害、激しい頭痛にも悩まされ続けている。今でも、悪夢を見てしまう上に、横になると背中の傷がひどく痛むために、睡眠障害も患っている。

アドリアン・ワイの体験からわかるのは、拷問をする者たちが、苦痛を与えるために、数え切れないほど様々な方法を編み出し続けているということである。情報を引き出すため、自白を強要するため、肉体的にも精神的にも一人の人間を崩壊させるため、特定のグループあるいは共同体全体を威嚇するため、個人を処罰するため、屈辱を与えるため、暴力と恐怖を用いるのである。

拷問がもたらすものは、被害者個人の苦しみだけにとどまらない。被害者の肉親や被害者の暮らす共同体、そして社会全体に、長いあいだ消えることのない深刻な影響をもたらすことになる。拷問から生き残った者にとっては、心理的な問題が最も深刻である。多くの人びとが、ひどい罪悪感や恥辱につきまとわれている。他の人たちは死んだのに、自分だけが生き残ったという罪悪感と、拷問によって情報を漏らし、友人を不利な状況に追いやったかもしれないという恥辱である。また、「できるはずのない選択」──つまり仲間の名前を言うか、愛する者が拷問されるのを見るか──を迫られ、拷問によって残った肉体的な傷が癒えた後も、その選択の結末にずっと責任を感じ続ける人びともいる。

どの言葉を使うかで、拷問の恐怖や恐るべき行為を大した事ではないように覆い隠してしまうことができる。殴るということが、拷問・虐待のなかでは広範に行なわれている形態である。「殴る」という言葉自体はよく耳にするも

拷問の方法

公務員による拷問・虐待のなかで、殴打が現在最も一般的な方法である。150カ国以上の国ぐに──1997年以降、拷問・虐待の存在が報告されたすべての国──から、殴打の事実が報告された。その報告のなかでは、拷問の手段としてほかにも、電気ショック（40カ国以上）、拘禁中の強姦と性的虐待（50カ国以上）、身体を宙吊りにする（40カ国以上）、足の裏を殴打する（30カ国以上）、窒息させる（50カ国以上）、「模擬処刑」もしくは殺すと言って脅迫する（50カ国以上）、長期にわたる隔離拘禁（50カ国以上）などが一般的な拷問・虐待の方法である。そのほかにも、水中に沈める、身体に煙草の火を押しつける、自動車の後部に縛り付けて引きずる、眠らせない、外部からの刺激の遮断などがあげられている。

第1章　拷問の現在

コンゴの民兵は、国民軍に入隊するためのトレーニングの際に、儀式的な屈辱行為を受けている。多くの国では、とくに階級が低い新兵は、残虐な取り扱いを受けやすく、精神的にも肉体的にも繰りかえし同じ虐待の対象となっている。

のだろうが、その実態は想像をはるかに超えている。拳で、棒で、銃の台尻で、間に合わせのむちで、鉄パイプで、野球のバットで、電気コードで、それこそありとあらゆるものを使って殴られるのだ。被害者は打撲傷、内出血の他、骨や歯が折られたり内臓が破裂するなどの苦しみを味わう。命を落とす者さえいる。

　頭の上からフードをかぶせて窒息寸前にさせる、「模擬処刑」、眠らせない、極度の熱や冷気にさらすなどの拷問の形態は、身体には傷痕を残さないものの、電気ショックや殴打と同じくらい、人間の身体や人格を破壊してしまう。例えば、長いあいだ立ったままでいると、最終的に足の腫れ、循環障害、幻覚や腎不全を引き起こす。「拘束器具」という言葉は大して害もなさそうに聞こえるが、長期間にわたって使用すると血栓を生じ、後遺症が残るほどの重症になることもあるし、死に至ることもある。

　アムネスティが最初に手がけた拷問廃止キャンペーンでは、良心の囚人——獄中で苦しむ「忘れられた被害者たち」——の獄中での処遇に対する世界

の人びとの怒りが原動力であった。彼らはその信念のために投獄されただけではなく、強制的にその考えを捨てて闘争から身を引かせるために、拷問・虐待を加えられているのだ。拷問は、政治囚の抑圧の手段として使われ続けている。今なお世界中の多くの地域で、支配的体制に挑む政治囚たちは、非暴力であるか武力を行使したかを問わず、拷問・虐待の標的にされることが多い。

しかし、アムネスティが現在の拷問のパターンについて世界的な調査を行なったところ、拷問・虐待の被害者の多くは、刑事犯罪の被疑者と受刑者であることが明らかになった。これまでは、これらの人びとの拷問に反対するために大衆の力が大きく結集されることはなかった。それにはいくつかの理由が考えられる。被疑者に対する拷問は、実際には広範に行なわれているのに、被害を受けた被疑者が苦情申し立て機関に訴えることが難しいために、あまり報告されていない可能性がある。被疑者を殴ることがあまりに日常的なために、被害を受けた本人も拷問だと認識していないことさえある。政治囚に対する抑圧が少なくなって初めて、長年にわたって行なわれてきた刑事犯罪の被疑者、受刑者に対する拷問に、ようやく注目が集まるようになった国ぐにもある。拷問者、さらには一般大衆までもが、被疑者に対する暴力を「罪を犯したのだから当然だ」と考えてしまう。犯罪の増加に対してより強硬な対策を望む人びとは、このような暴力を支持することがある。警察は、訓練や捜査手段の不足から、自白を引き出して有罪判決を得るための「手っ取り早い方法」として、拷問・虐待に頼ってしまう。犯罪被疑者の多くは、社会で最も貧しく、最底辺に位置する層の出身である。そういった人びとへの

©Reuters

中国、上海警察署で、被疑者が手錠で窓枠につながれている。隠しカメラで撮影されたフィルムの一コマ。

差別が、拷問・虐待に対する措置が取られない原因ともなっている。多くの国ぐにでは、刑事犯罪の被疑者や法に抵触した社会の最底辺層の人びとに、殴打その他の肉体的、心理的な虐待を加えることが慣例となっている。拷問の目的は、情報を引き出すためであったり、真実であるか否かを問わず「自白」を得ることであったりする。処罰や屈辱を与えることが主な目的の場合もある。

拷問は、警察官、兵士、情報部員、刑務所の看守もしくはその他の公務員の手で行なわれることが多いが、それだけではない。武装政治勢力のメンバーによることもあるし、場合によっては一私人によって行なわれることもある。

しかし、禁じられた行為を並べたててみても、拷問を定義することにはならない。同様に、「拷問」とその他の「残虐な、非人道的なまたは品位を傷つける取り扱いまたは刑罰」との間に、明確な境界線を引くことも不可能である。ある虐待行為が拷問にあたるかどうかは、虐待の性質や深刻さなどを含むいくつかの要素による。「拷問」と「虐待」はどちらも国際法によって禁止されているが、国際法上の救済手続は、拷問の場合のほうがより手厚くなっている。

拷問は、いくつかの国際条約のなかで定義づけられてきたが、それらの定義が起案された様ざまな背景や、各条約の目的を反映して、定義の仕方はまちまちである。拷問等禁止条約（「拷問およびその他の残虐な、非人道的なまたは品位を傷つける取り扱いまたは刑罰を禁止する条約」）における拷問の定義は、情報もしくは自白を得ること、罰すること、脅迫しもしくは強要するといった目的のために、「または何らかの差別に基づく理由によって」「身体的なものであるか精神的なものであるかを問わず、人に重い苦痛を故意に与える行為」を指している。この条約は、公務員その他の公的資格で行動する者による拷問に関するものである。

拷問の防止と処罰のための米州条約は、拷問等禁止条約よりも拷問を広く定義している。この条約では、「肉体的苦痛もしくは精神的苦悩を引き起こさなくとも、被害者の人格を抹殺するか、またはその者の肉体的もしくは精神的能力を減退させることを意図して個人に加えられる手段の行使」も拷問とされている。

他の人権諸条約でも、拷問を幅広く定義している。拷問の定義を実際に解釈する作業――そして着実に適用されるよう保証する作業――は、各国における関連する国際条約の遵守状況を監視する様ざまな政府間組織の手にゆだね

エジプト

「私は、言われたとおりに何でも書くし、サインもするからと言いました……そして書類にサインしました……すると彼らは私を外へ連れ出し、解放したのです」
（アマル・ファルーク・ムハンマド・マアス）

アマル・ファルーク・ムハンマド・マアスは、1993年4月26日、カイロで、国家安全情報部（SSI）員から尋問を受け、拷問を加えられた。報告によれば、彼らは服を脱がせ、手足を縛って宙吊りにし、ゴムホースやこん棒で繰り返し彼女を殴ったうえ、目隠しをして強姦すると脅迫した。その日、先に逮捕された彼女の夫、アフマド・ムハンマド・アフマド・サイイドがときおり別室で叫び声をあげているのが聞こえてきた。

およそ24時間にわたる尋問の後、アマルは、自宅で武器や爆発物が発見されたとする供述書にサインすると、直ちに釈放された。この供述書は、1993年5月の軍事法廷による裁判で、彼女の夫に有罪判決を下し、25年の刑を言い渡すために用いられたという。

釈放された後、アマルは、カイロのドギ地区検察局長官に対し、ガーベル・ビン・ハッヤン通りのSSI支局で拷問を受けたとの訴えを起こした。1993年5月4日、彼女は長時間の面接を受け、同年5月8日に出された医学鑑定では、彼女の傷の状態は拷問の申し立てに一致するという結論が出た。

1993年9月、ドギ地区検察局長官は、アマルが拷問を行なった者だと指摘した2人のSSI職員に対し、捜査のために検察局に出頭するよう通告した。しかし、彼らはそのとき出頭しなかったばかりか、ひき続き出された56回にも及ぶ出頭命令を無視した。1996年1月になって、職員の1人が出頭命令に応じたが、申し立てについては否定した。同月下旬、SSIは、1993年4月26日から28日のあいだ、ガーベル・ビン・ハッヤン通りのSSI支局にアマル・ファルーク・ムハンマド・マアスという名前の人物が拘束されていた事実さえ否定した。

1996年7月、SSI職員は再びアマルを拘束し、アルマルサ地区のSSI支局へ連行して、申し立てを取り下げさせようとした。彼らは彼女の腕や背中、足を鋭利な刃物で深く切りつけ、目隠しをして、片腕を縛って2時間も天井から宙吊りにしたうえ、電気ショックを加えた。10日間にわたる拷問の末、SSI職員は、意識を失った彼女を街路に投げ捨てた。アマルは、その後改めて申し立てを試みたが、却下された。

1999年10月、テレビ局からアマルに対して、拘禁中の処遇についてインタビューをしたいとの申し入れがあった。その日の前の晩、SSI職員から彼女に、インタビューを受ける理由を尋ねる電話が入った。翌日の早朝、SSI職員は彼女の自宅にやって来て、部屋に「盗聴」設備を仕掛け、彼女を逮捕すると言って脅迫した。テレビ局のスタッフが到着したときには、アマルはインタビューに答えられるような状況ではなかった。

アマルの体験は、特別な話ではない。1999年5月、拷問禁止委員会は「警察とSSIの両者による女性の被拘禁者に対する取り扱いは、その夫もしくは家族に関する情報を得ようとするため、ときには性的虐待もしくは脅迫をともなう」ことに懸念を表明した。

アマル・ファルーク・ムハンマド・マアス

られている。これらの監視組織は、国内裁判所と同様に、拷問という言葉の解釈をより精緻なものに変えていくために決議を積み重ねている——国際人権条約は「生きている法文書」であり、時とともに進化と発展を続けるのだ。

アムネスティが取り組んでいるのは、主に国家や反政府武装勢力による人権侵害との闘いであるため、この報告書ではそうした状況に焦点を合わせる。したがって、「拷問」や「虐待」という言葉はここでは、公務員が苦痛もしくは苦悩を加えるような行為、あるいは、私人によって同様の行為がなされ、それが国家の同意、黙認もしくは怠慢のもとで行なわれたことにより、国家がその責任を負う場合を指しているものとする。拷問・虐待とはまた、武装政治勢力のメンバーによって、同様の行為がなされた場合にも適用される。

いつの時代にも通用する拷問の定義などない。普通の人なら、拷問のイメージはと問われたら、取り調べ室の政治囚を思い起こすだろう。しかし、拷問・虐待は、一般に知られているよりも、多くの人びとに対して加えられている。拷問は、警察署や刑務所のなかでだけ起こっているわけではない。兵舎や反乱軍のキャンプ地でだけでもない。拷問は、これらの場所はもちろん、少年院や難

> **拷問等禁止条約**
>
> 　第1条　「この条約の適用上、『拷問』とは、身体的なものであるか精神的なものであるかを問わず、人に重い苦痛を故意に与える行為であって、本人もしくは第三者から情報もしくは自白を得ること、本人もしくは第三者が行なったかもしくはその疑いがある行為について本人を罰すること、本人もしくは第三者を脅迫しもしくは強要することその他これらに類することを目的としてまたは何らかの差別に基づく理由によって、かつ、公務員その他の公的資格で行動する者によりまたはその扇動によりもしくはその同意もしくは黙認のもとに行なわれるものをいう。『拷問』には、合法的な制裁の限りで苦痛が生ずることまたは合法的な制裁に固有のもしくは付随する苦痛を与えることを含まない」
>
> 　1984年に採択された拷問等禁止条約は、主要人権条約のなかでは最も批准国数が少ない。2000年半ばまでにこの条約に批准したのは、わずか120カ国である（巻末付録3参照）。同条約のもとに設立された拷問禁止委員会に自国民が個別に拷問の申し立てをすることを認める宣言（第22条）を行なったのは、41カ国に限られる。国家間通報を認める宣言（第21条）を行なったのはわずか44カ国である。一方、制度的拷問の申し立てに関する秘密調査手続（第20条）を免れる留保を行なったのは7カ国である。また、多くの国ぐにが、その他の留保を行なっている。

民キャンプで、街中で、家庭のなかでさえも行なわれているのだ。拷問廃止に向けた方策は、拷問の行なわれる様ざまな背景について理解を深めることから考えられなければならない。

警察による拷問

「彼は毎晩殴られました。とくに、足の裏を殴られました。右脚は完全に赤く皮がむけ、傷口が病原菌に感染して化膿し、腫れあがっていました。1月24日の夕方6時ごろ、囚人たちが看守に、病気が他の囚人に感染しないように、彼を監房から出してほしいと頼みました。すると警官が『どちらにしても、お前たち全員を殺すつもりだ』と答えました。ベッシィはすでに死にかけて悪臭を放っていました。彼は7時半には動けなくなり、それから15分経っても彼は動きませんでした」。
(1998年初め、赤道ギニアの警察署の監房内で死亡した6人の被拘禁者の1人、ベッシィと呼ばれていたナイジェリア人が死んだときの様子を、ある被拘禁者が説明した言葉から)

　警察官による拷問・虐待は、1997年以降、140以上の国で報告されている。警察官は法を維持し、社会におけるすべての人びとの権利を保護する責任を負っている。しかし、公務員のなかで最も拷問を行なっているのは、明らかに警察官である。被害者の多くは、刑事犯罪の被疑者として警察沙汰になった人びとだが、そのほかに、警察の偏見のために標的となっているグループのメンバーもいる。警察による虐待の危険にさらされているのは、人種的あるいは民族的少数者であることが多い。警察の暴行が訴追された件数は、告訴された件数のほんの一部に過ぎないのが多くの国の実態である。有罪判決が出るのはもっとまれである。
　世界の全人口の5分の1を占める中国では、被拘禁者や囚人に対する拷問・虐待は日常的に行なわれている。犠牲者は、当局の権威に疑義をはさむか、自分の権利を守ろうとして当局との争いに巻きこまれてしまった人びとが多い。汚職にまみれた警察官が、強要や恐喝の一部として拷問を加えていることは、頻繁に報告されている。移民労働者、とくに家族や共同体の保護から離れた若い女性がしばしば被害者となっている。取り調べ中の拷問は、あらゆる種類の

第1章　拷問の現在

インドネシアの警察がジャカルタで
行なわれたデモ参加者の学生を
攻撃している。2000年6月。
インドネシアでは、
改革に向けての進展はあるものの、
政治囚および刑事囚双方への
拷問・虐待が、依然として蔓延している。

被拘禁者に対して行なわれている。拷問の報告は、特定の犯罪に対して定期的に実施される「取り締まり強化」キャンペーン中に増加しており、警察が「あらゆる手段」を用いて「迅速な結果」を達成するために、正式な許可を受けて拷問を行なっているのが明白である。拷問・虐待はまた、禁止された法輪功に対する弾圧のように、いくつかの目立った政治的キャンペーンの一環として行なわれている。当局は、そのようなケースで起こった拷問の申し立てについて調査を行ない、訴追することを完全に怠ってきたのである。

　中国では、拷問によって毎年多くの人びとが拘禁中に死亡している。例えば、1999年9月から2000年6月のあいだ、警察での拘禁中に少なくとも13名の法輪功修練者が死亡したが、報告によると、数名が拷問による死亡であったという。シャンドン（山東）省ツァオチア出身の農民ツァオ・チンホワは、1999年9月27日、畑で農作業中にチャンシンの町の警察によって逮捕された。同年10月7日、彼女はチャンシンの町の警察署内で死亡した。報告によれば、彼女は法

輪功を脱会しないと言ったため、警察拘禁中にこん棒や電気ショック警棒で繰りかえし殴られたという。解剖の結果、死因は鈍器で殴られたためと判明したが、その直後に彼女の遺体は火葬に出された。当局側はその後、死因は心不全であったと主張している。

　警察による残虐行為は、ほとんどのケースで自白を引き出すためか、処罰するために行なわれている。トルコでは、1995年11月、12歳のハリル・イブラヒム・オッカルーが、イズミルの　チュナルルー警察署で尋問を受けた後、集中治療センターに入院した。彼には窃盗の容疑がかけられていた。ハリル・イブラヒム・オッカルーの申し立てによれば、彼は2人の警察官から取り調べを受け、トイレに連れていかれると警棒で殴られ、床に倒れてからは蹴られたという。拷問の申し立ては裁判所へと持ちこまれたが、その審理の途中で、ハリルへの拷問に関連して有罪宣告を受けた警察本部次長が、警察本部長へと昇進した。1996年10月、彼はもう一人の警察官とともに罰金刑と2カ月間の停職を命じられた。控訴裁判所はこの評決をくつがえし、再審理の後、1998年2月、警察官らはそれぞれ10カ月の刑を言い渡され、1999年3月、控訴裁判所によって刑が確定したが、執行猶予がつけられている。一方、ハリルは今も拷問の後遺症に苦しみ続けている。

　警察が十分な訓練を受けていなかったり、人手が不足している国ぐに、もしくは、犯罪の程度がひどいために被疑者に対して警察が強硬手段を用いることが奨励されている国ぐにでは、犯罪捜査において、警察が拷問によって得た情報に頼ることは、一般的である。

　南アフリカでは、刑事司法制度の決定的な改革を行なうことが困難なために、憲法では拷問が禁止されているにもかかわらず、治安部隊員は、アパルトヘイト時代を連想させるような犯罪捜査の方法を用い続けている。この国では現在、暴力犯罪の発生率が高いため、被疑者や受刑者に対して厳しい措置を取ることについて、一般大衆の支持を得やすい状況にある。例えば1998年9月、ズウェリ・ケネス・ヌドロジはソウェトにある彼の自宅で、目撃者の目の前で軍警察官から暴行を受けた。警察官らは彼を銃器の窃盗に関わったとして、家宅捜索して武器を探した後、彼を連行していった。その2日後、警察から彼の家族に対し、彼がジャーミストン警察署の監房の中で、ナイロン製のひもで首を吊って死んでいるのが見つかったとの連絡があった。警察から独立した検

第1章　拷問の現在

1998年、ボリビアのラ・パス。
ストライキ中の教師やほかの公共部門の労働者と対峙する治安部隊。
暴動鎮圧装備で身を固めている。
1998年4月に、
ラ・パスおよびエル・チャパレで、
ストライキ中の人びとに向けて
警察と軍が発砲した際には、
少なくとも10人が殺害され、
数十人が負傷した。
犠牲者のなかには子どもや教師もいた。

死調査によれば、首吊りは見せかけで、それとは関連性のない深刻な傷、とくに煙草の火による火傷と、頭部を激しく殴打された痕が見つかった。1998年には、警察での拘禁中に発生した200件以上の死亡例が報告されたが、拷問・虐待による死亡である疑いのあるものも多い。

　警察による拷問・虐待のすべてが、犯罪捜査の過程で起こっているわけではない。警察が社会秩序を守るためという名目で、過度の武力行使を行なうときにも起こる。1997年8月、ザンビアのルサカの中心街にある仮設の「ソウェト市場」で、放火によって露店を全焼させられた商人らが抗議行動を起こした。数百人にものぼる重装備の準軍事警官隊が、抗議行動の参加者や無関係の通行人たちを警棒で殴り始め、中心街の付近にいた人びとに向けて催涙弾を発射した。この警官隊による暴行に赤ん坊とともに巻き込まれたジェーン・ムワンバは、地方新聞の取材に対し、他の数人の女性たちと火事による損害を調べていたとき、警官隊が彼女らに向けて催涙弾を発射したと語った。「走って逃げようとして倒れてしまいました。そこに警察官がやって来て、歩けなくなるくらい何

ブラジル

15歳のジョゼ(仮名)は1999年6月に逮捕され、2日間拘禁された。そのあいだ、彼は警察官に激しく殴られ、それ以後精神的な治療を必要とするようになった。最新の報告によれば、ジョゼは殴られたために、睾丸にも損傷を負っており、いまだにその治療を受けているという。

6月7日の午後、ジョゼはパラー州シングアラの自宅から、友人と一緒にビンゴ・ホールへ出かけた。母親イラシ・オリベイラ・ドス・サントスは、夜になっても息子が帰宅しないため心配になって、彼を探しにまず地域の病院へ行き、その後警察署を訪れて、そこで息子が拘禁されていることを知らされた。

イラシ・オリベイラ・ドス・サントスは、勇気を奮って、自分の息子への拷問を公表し、世論の注目を集めた。

十数時間待って6月8日の夜になり、彼女はやっとジョゼとの面会を許された。息子は身体中に打撲傷を負い、激しい痛みに苦しんでいた。一緒に拘禁されていた少年が、ジョゼは警察署の中でも外でもひどい取り扱いを受けているので、できるだけ早く連れて帰ったほうがよいと教えてくれた。

ジョゼがイラシに語ったところでは、自宅を出た時からずっと警察に尾行されており、怖くなってバイクから降りたという。警察官は車を止め、彼に銃を向けて、彼の身体を蹴ったうえ、殺すぞといって脅迫した。それから警察の車で見知らぬ場所に連れて行かれ、そこで再び殴られたり、脅迫されたりした。最後には、少量の大麻と小型拳銃を所持していた疑いで警察署に連れて行かれた。夜になると、警察官はジョゼーを警察署の廊下へ連れて行き、さらに殴った。警察署に拘禁されていた他の少年たちは、あまりひどく殴られていたので、ジョゼは殺されるのではないかと思ったという。彼は、実際にはありもしない過去の逮捕歴を自白するよう強要された。

6月9日、イラシは、息子が拘禁されていることについて警察署長と話をしようとしたが、彼女が警察官に対して無礼だという理由で、面会を拒絶された。警察は彼女の友人を通じて、息子の受けた取り扱いについて告訴しないことに同意すれば、彼を自宅に連れて帰ってもいいと知らせてきた。息子に治療を受けさせたい一心で、彼女は同意した。

釈放以来、ジョゼは精神のバランスを崩し、精神病院への入退院を繰りかえしている。1回の入院期間は1カ月から2カ月だ。家族と一緒に正月休みを過ごした後、彼の精神状態は劇的に悪化した。2000年2月16日、彼は再び精神病院に入院し、現在も入院中である。

イラシが息子の受けた処遇について告訴をしないという条件で、ジョゼは釈放されたが、彼女は、その後検察官に正式に告訴した。検察官は、ジョゼが拷問を受けた警察署の責任者である警察署長に対し、この事件の捜査を委託した。イラシは、息子の受けた警察での処遇に対して非常にショックを受け、ブラジル国内でこの事件を公表し、テレビに出演するという極めてまれな——そして勇敢な——行動をとった。シングアラでは、警察の残虐行為について、いくつもの報告がされてきたが、生存者や目撃者は、恐れて事実を公表しないことが多い。そのため、実際に捜査された事件は極めて少ないのが、実情である。

度も蹴られました」。数人の目撃者によると、警官隊は非常に残虐で、抗議行動の参加者2名が殴り殺されたという。

　警察は、任務遂行にあたって武力行使に訴える権限を与えられているが、国際基準では、武力行使の可能な範囲について厳しい制限が設けられている。国連の法執行官行動綱領、そして、法執行官による力と火器の行使に関する基本原則では、警察官は厳に必要とされる場合に限り、その状況において必要最低限度の武力を用いることが認められている。彼らは力を行使する前に、可能な限り非暴力的な手段を用いなければならない。警察官は自制的であり、犯罪の重大さと達成すべき目的の正当性に比例した形で行動することが求められる。

残虐な、非人道的なまたは品位を傷つける拘禁状況

「ここは、豚小屋よりひどい所です。貯水タンクの状態が非常に悪いため、たちまち病気が蔓延し、刑務所に隣接する地域社会にまで広がっています。隔離拘禁が無差別に行なわれています。生きて出られたら、幸運なほうです。ここでの状況は、訓練も受けていない看守の加える拷問を別にしたとしても、囚人たちの精神的、肉体的な健康に深刻な危険を及ぼしています」。

　これは、1998年4月、ブラジルのパライバ州ジョアン・ペッソアにあるロゲル刑務所を、アムネスティ調査団が訪れた際、刑務所内に入って囚人と話をすることを拒否された後に、同刑務所の囚人から手渡された手紙の一節である。その手紙には、アムネスティが改善を求めてきた典型的な状況や取り扱い——非衛生的な生活環境、医療の不足と恣意的な処罰の適用——について書かれている。そのような刑務所における生活は、不健康で品位を傷つけるものであり、危険である。その結果、抗議行動や脱獄、暴動がしばしば起こっている。

　刑務所やその他の拘禁場所における状況を改善できないのは、財源不足が理由であると説明する政府もある。しかし、政府に政治的意思があるなら、改善できる状況もある。例えば、家族の訪問を認めたり、書籍を入手できるようにしたり、監房の外で過ごす時間を長くしたりするといったいくつかの改善策には、実際にはほとんど経費がかからない。その他に、刑事司法制度を改革することは、慢性的な超過密状況を改善するための一つの方法であると同時

©Alessandro Majoli/Magnum Photos

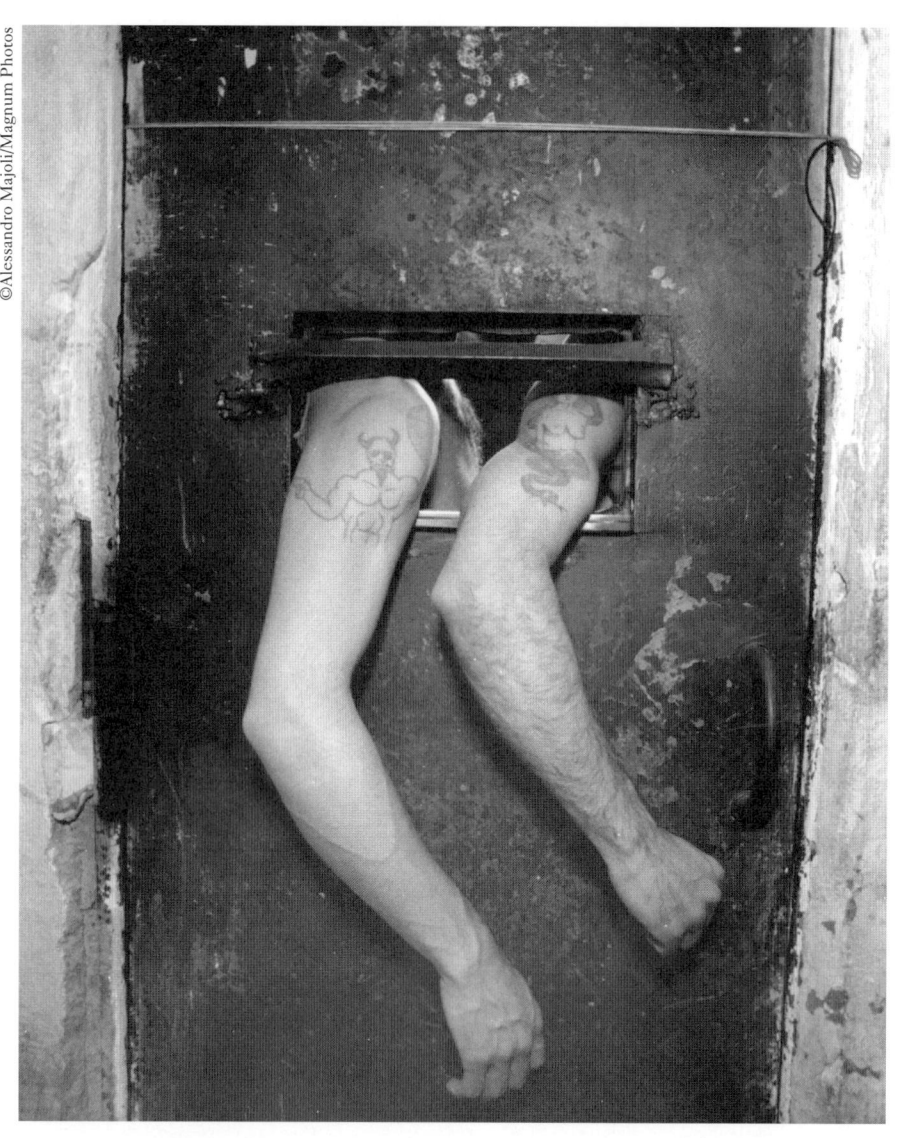

に、よき統治には欠かせないことである。

　世界一の経済大国である米国では、施設によっては財政難による超過密な拘禁状態や職員不足のため、危険で非人道的な状況に陥っている。暴力は、多くの施設

ブラジル、サンパウロのカランディル刑務所。世界で最も大きな刑務所の一つで、約7,000人の受刑者を収容している。しかし、看守は100人しかいない。

第1章　拷問の現在

> アムネスティの調査によると、残虐な、非人道的なまたは品位を傷つける取り扱いにあたる拘禁状況は90カ国で報告されており、50カ国以上で拡大している。

において蔓延している。囚人同士の暴行を制止するのを看守が怠っている場合もある。また、看守たち自身が囚人を殴打したり、性的虐待を加えたりしているケースもある。近年では、膨大な費用をかけて建てられた新しいタイプの刑務所について、新たな種類の懸念が生まれている。いわゆる「最高厳戒」施設では、囚人たちは極端に孤立させられ、外部からの刺激を一切断たれている。典型的な例では、彼らは1日に22～24時間、狭い独房内に監禁されており、そのなかで食事、睡眠、排泄のすべてを行なう。

市民的および政治的権利に関する国際規約(自由権規約)の履行を監視している自由権規約委員会は、1995年、米国のある最高厳戒刑務所における状況は、規約の第10条の規定に「矛盾している」と明言した。第10条では、自由を奪われたすべての者は、誰でも「人道的にかつ人間の固有の尊厳を尊重して、取り扱われる」と定められている。

長期間にわたる孤立状態の影響は、非常に破壊的なものになりうる。大韓民国で、長期にわたり独居拘禁されていた元囚人は、1997年に釈放された後、アムネスティの調査でこう語った。「収監されて3年目になると、私は親しい友人や家族の名前、そして簡単な日常会話に必要な語彙を思い出せなくなりました。面会時間になっても話を

足かせをかせられた囚人。
2000年1月、ビルマ(ミャンマー)のタウングー近くの道路建設のため、石の切り出し作業を強いられている。ビルマでは強制労働がしばしば行なわれている。

©Moscow Centre for Prison Reform

することが困難でした。私は毎日最低1時間、朗読したり歌ったりするようにしました。でも、すぐに声が出なくなるのです……」。

　国連の被拘禁者取り扱いのための最低基準規則は、囚人と被拘禁者の取り扱いに関して詳しく規定している。また、未成年者など特定のグループに関する取り扱いについて定めた国際基準もある。これらの規則の違反すべてが、残虐な、非人道的なまたは品位を傷つける取り扱いに及ぶものとは限らない。アムネスティが取り上げている事例は、国家が拷問・虐待からの自由を保障する責任を怠っており、これらの規則の違反が通常より複合的であり、とりわけ甚大なものである。

　刑事司法制度というものは、政治経済や偏見などの影響を受けやすい。被疑者や受刑者が社会悪だという非難が高まれば、刑務所内の彼らの窮状について人びとの関心は薄れてしまいがちである。しかし、拷問・虐待を受けない権利は、刑務所の門をくぐった者にも適用される。いったん一部の人間の基本的人権が侵蝕されれば、すべての人間の権利が蝕まれていく。

モスクワの近くの未決拘禁施設。
1995年8月。
35人用に設計された一つの房に
140人が収容されている。
ロシアの刑務所では、
ひどい過密状態で疫病も蔓延し、
空調も悪く、食糧や医療も
ほとんど十分でない状況で、
100万人以上が拘禁されている。

「合法的拷問」──刑罰としての身体刑

　拷問・虐待をしたとして政府が責任を問われるとき、まず決まって政府は否認する。そのできごとが起こったことを否認し、政府が知っていたことを否認し、あるいは政府に責任があることを否認するのだ。囚人に対する身体刑は、数少ない例外の一つである。これらの処罰は裁判所の言い渡す刑罰として、もしくは行政命令による懲戒処分として科される。身体刑は、公務員によって、ときには公衆の面前で行なわれ、「合法的」処罰という大義名分によって覆われている。

　刑罰としての身体刑には、様ざまな形態がある。現在でも行なわれている最も一般的な身体刑には、四肢切断、焼印、動物の革などで作ったひも状の鞭や、植物などで作った棒状の杖などを使ったむち打ちがある。四肢切断などの刑は、人間の身体を生涯損なうことを目的として意図的に考えられたものだが、他の身体刑も、長期間、場合によっては生涯にわたる身体の損傷を引き起こす可能性がある。

　「……2人の看守が、私をむち打ち室へ連れて行きました……私は恐怖で身体が震え、汗をびっしょりかいていました。そして、杖の音が聞こえると、次の瞬間に、その杖は私の尻を引き裂いたのです。私は気が狂った動物のように叫び、もがきました……私は叫び声を止めることができませんでした。それは1分に1回の割合で、延々と続きました。苦痛のために失禁し、気を失った囚人もいました……私の尻は、普段の2倍の大きさに腫れ上がりました……その痛みは、むち打ちが終わっても、長いあいだ心のなかで燃え続けているのです。今でも、そのときの夢を見ます……」(*3)

　これは、17歳のときにシンガポールで杖刑を科された現在40歳になる男性が、当時の苦痛、恐怖、そして屈辱感を思い出しながら語った言葉である。いくつかの国ぐにでは、囚人は数百回ものむち打ち刑を宣告され、その結果一生残るような身体障害を負うか、あるいは死に至ることさえある。

　四肢を切断する、その他の部位をそぎ取る、また焼印を押されるなどの被害者は、一生障害が残るような傷を負わされるばかりか、犯罪者の烙印を押され

ラオス

「私は重い病気にかかっています……何も食べられません。眠れません。苦しくて、四六時中うめき声をあげています」

（フェン・サクチットターフォン）

フェン・サクチットターフォンとラトサミ・カムフーイは、二人とも狭心症と腎臓病を患っているが、彼らが切望している医療措置を受けられる見込みはない。政府当局や警察官は、親族から送られてきた医薬品までも没収した。60歳を迎えた二人は、ラオスの北東部に位置する辺境の地、フアファン省の第7刑務所で、極度に劣悪な状況のなか、7年以上の月日を過ごしてきた。家族との接触は厳しく制限され、面会許可が下りるまでに長くて2年の期間を要することもあった。

1998年3月、一人の囚人から、アムネスティに手紙が届いた。手紙の日付は1998年1月で、次のように記されていた。「……独裁的な政府当局は、家族の訪問も禁じ、医療も全面的に拒否して隔離拘禁政策を取っています……こうした状況のため、私たちは現在、二つの病気の状態の悪化に苦しんでいます」「1998年1月11日、第7刑務所の所長が私たちの病状を個人的に調べに来ました……だから彼は、私たちの健康状態が非常に悪いことを知っています」「それから、私たちは食糧の割り当てについても、改善を要求しました。過去3、4カ月のあいだ、私たちは最低な質の米しか与えられておらず、もはやこれ以上、終わりのない欠乏状態に耐えることはできないでしょう……」

1カ月も経たないうちに、フェンとラトサミの友人で、刑務所でも一緒だったトンスク・サイサンキが死亡した。彼もまた、狭心症と腎臓病を患っていた。

アムネスティはラオス当局に対し、3人の男性には緊急の医療措置が必要だと一貫して警告してきたが、当局は無視した。糖尿病患者だったトンスクは、医療措置も受けられず、親族との接触を絶たれ、十分な食糧も与えられず、死ぬまで放置された。当局は、1998年2月にトンスクが死亡した後も、数週間の後までその事実さえ認めなかった。

フェン、ラトサミ、トンスクの3人は良心の囚人である。3人とも元は公務員だったが、1990年、ラオスの平和的な政治、経済改革を求める手紙を書いた後、逮捕された。アムネスティは彼らを直ちに釈放するよう、繰りかえし呼びかけてきた。彼らは裁判の前に2年間拘禁され、暗い独房のなかで過ごした期間もあった。

1992年に、彼らは不公正な裁判で有罪判決を受け、14年の刑を宣告された。第7刑務所へ移され、6メートル四方の独房のなかで過ごした。壁の下側には、コンクリート床との間にすき間があり、そこから冷たい風が独房のなかに吹き込んできた。彼らは黙ったまま座らされ、入浴のため2週間に1度だけ独房を出ることを許可された。互いに話をしたら殴ると脅迫され、この規則を守らせるために独房のドアの前では看守が監視していた。現在もなお、彼らは食事の時以外は暗闇のなかで過ごし、1～2週間ごとに1度、入浴が許可されるだけだ。この刑務所における状況は劣悪で、拷問禁止委員会により、残虐な、非人道的なまたは品位を傷つける取り扱いまたは刑罰にあたると裁定されている。

写真：(左上)フェン・サクチットターフォン、(左下)ラトサミ・カムフーイ、(右)トンスク・サイサンキ
いずれも©Private

刑罰としての身体刑

　1997年以来、アムネスティは14カ国におけるむち打ち刑と、7カ国における四肢切断刑について取り上げてきた。刑罰としての身体刑は、現在少なくとも31カ国の法令集に記載されている。刑罰としての身体刑は1997年以来、4カ国（ジャマイカ、セントビンセントグレナディーン、南アフリカ、ザンビア）において廃止されるか、あるいは憲法違反であると宣言され、新たに1カ国（ナイジェリア）で導入された。

国名 （国名50音順）	四肢切断刑 （1997～2000年）	むち打ち刑 （1997～2000年）	刑罰としての身体刑が法律で規定されている国 （2000年7月現在）
アフガニスタン	●		●
アラブ首長国連邦			●
アンティグアバーブーダ			●
イエメン		●	●
イラク	●		●
イラン			●
ウガンダ		●	
ガイアナ			
グレナダ			
ケニア		●	●
サウジアラビア	●	●	●
シンガポール		●	●
ジンバブエ		●	●
スーダン	●	●	●
スリランカ			
セントクリストファーネビス			●
セントルシア			●
ソマリア	●	●	●
タンザニア			
トリニダードトバゴ		●	●
ナイジェリア	●	●	●
パキスタン		●	●
バハマ			●
バミューダ諸島			●
バルバドス			●
フィジー			●
ブルネイ			
ボツワナ			●
マレーシア		●	●
リビア			●
ロシア（チェチェン）		●	●

たまま残りの人生を生きることになる。例えば、湾岸戦争後のイラクでは、窃盗罪や軍からの脱走罪で有罪判決を受けた人びとは、額に「X」の焼印を押された。

刑罰としての身体刑を擁護する国のなかには、身体刑とは「合法的制裁」であり、したがって国際的に禁止されている拷問には抵触しないと主張する国もある(*4)。しかし、「合法的制裁」という言葉は、国内基準と国際基準の両方に照らして合法的である、と解釈されなければならない。1992年、自由権規約委員会はその一般的意見のなかで、拷問・虐待の禁止は「身体刑にまで拡大されるべきである」(*5)と述べた。国連人権委員会は、2000年4月に採択された決議のなかで、「身体刑は、子どもに対するものを含めて、残虐、非人道的なまたは品位を傷つける刑罰または拷問にあたることがある……」(*6)と明言した。

右手が通行人に見えるように、道端に置いてある。
ソマリアのモガディシュ出身のこの19歳の若者は、ある女性をナイフで脅して1ドル50セントのスカーフを1枚盗んだために、イスラム法廷で右手と左脚切断の刑を言い渡された。

刑罰としての身体刑は、拷問・虐待の主な要素(処罰として激しい苦痛もしくは苦悩を故意に加えることなど)をともなっているため、違法である。国家のレベルである行為を合法化したからといって、国際法に違反する行為を「合法的」にすることはできない。国連の拷問に関する特別報告者は、「身体刑は、拷問やその他の残虐、非人道的なまたは品位を傷つける取り扱いまたは刑罰の禁止に矛盾する……」(*7)と述べている。

刑罰としての身体刑を擁護する人びとのなかには、文化的もしくは宗教的理由から身体刑を正当化する者もいる。しかし、文化とは不変のものでなく、伝統は常に新しい現実によって作り替えられている。過去には広範に受け入れられたような刑罰が、現在でははっきりと、残虐で品位を傷つけるものとしてとらえられている。地域の人権活動家たちは、人権の普遍性を彼らの拠り所として、これらの行為に対しさらなる挑戦をしている。

第1章　拷問の現在

家庭や地域社会における暴力

　パキスタンのサビラ・ハーンは、16歳のときに自分の2倍以上も年上の男性と結婚した。1991年に結婚して間もなく、彼女は夫から二度と自分の家族に会ってはならないと言われた。1993年12月、妊娠3カ月のときに、サビラは家族に会おうとした。これが反抗的であるといって、夫と姑は彼女の身体に灯油をかけて火をつけた。彼女は身体の60パーセントに火傷を負い、ひどい傷痕が残ったが、命はとりとめた。サビラは法の裁きを求めて裁判所に訴えたが、行く手を阻まれた。ジェーラムの治安判事は、彼女が正気を失って自分で自分に火をつけたとする夫の主張を支持したのだ。この裁判の控訴審は、ラーワルピンディー高等裁判所で係属中である。
　多くの拷問の被害者と同様、サビラ・ハーンは故意に激しい苦痛を加えられた。直接的な加害者を前にして無力であり、本来彼女が守られるべき社会制度から屈辱的な扱いを受け、彼女は生涯消えない傷を負った。この報告書で言及している拷問の被害者が経験した試練と、彼女の受けた苦しみの違いは、加害者が公務員でなく彼女自身の家族であったということだ。
　国家は、公務員による拷問・虐待から人びとを保護する責任を有するように、私人（非国家主体）による同様の行為からも人びとを保護する責任を有する。また国家は、他の異なる状況においても責任を有する。つまり、国家は私人、もしくは国家がその責任を委嘱する存在によって加えられる虐待に対して責任を負う。また、個人による暴力行為に対し、国家がそれらの行為を支持あるいは黙認した場合は、その責任を負う。さらにその他の状況において、拷問もしくは虐待に対する適切な保護措置を怠った場合にもその責任を負う。
　私人による虐待に関するアムネスティの最近の取り組みには、パキスタンの女性に対する暴力(*8)、女性性器切除(*9)（何百万の女性に重傷を負わせている伝統的な慣習）、旧ソビエト連邦圏からイスラエルへ売られた女性への人権侵害(*10)などを報告した出版物の刊行がある。
　人身売買は、世界中で起きている。各国政府はこれまで、被害者の人権を守るためというより、組織的犯罪や不法入国の取り締まりのために人身売買に取り組んできた。旧ソビエト連邦圏から、イスラエルのセックス産業に売られてきた女性や少女たちに関する報告書のなかで、アムネスティは、イスラエル

政府が彼女たちの人権の保護を怠ったことを強調した。女性や少女たちの多くは、強姦を含む暴力の犠牲となる。彼女らはパスポートも現金もなく、ときには悲惨な状況でアパートに閉じこめられている。しかし、これまでに裁判にかけられた加害者の数は極めて少ない。1998年、自由権規約委員会は「売春の目的でイスラエルに連れて来られた女性は……人身売買の被害者として保護されていないばかりか、イスラエルにおける不法滞在の刑罰として、退去強制処分を受ける可能性がある」(*11)として、遺憾を表明した。

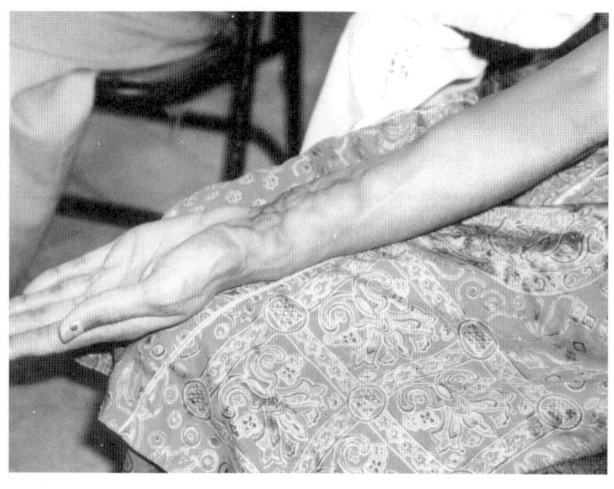

家庭内暴力の犠牲者。パキスタンのハイダラバードで。1999年2月。パキスタンの女性たちは、家族の名誉を「辱めた」として、ときには生命に関わる暴力や攻撃を受ける危険にさらされている。

　家庭や地域社会における子どもへの虐待は、施設や家庭のなかでの虐待、人身売買、債務労働まで、広い範囲にわたり、場合によっては拷問・虐待に相当することがある。子どもの権利条約では、公務員による拷問・虐待から子どもを保護するだけでなく、「親、法定保護者、または児童を養育するその他の者」の養育中に、あらゆる形態の身体的もしくは精神的な暴力または虐待からその児童を保護することを各国に義務づけている。

　学校や孤児院など、本来子どもの世話をするべき施設に保護されていながら、虐待を受けている子どもが大勢いる。当局は、虐待の事実が明らかになったときでさえ、なかなか子どもを保護するための措置を取らない。子どもの権利委員会によって、学校と家庭両方における体罰の使用が非難されているにもかかわらず、学校における体罰は多くの国ぐにで行なわれている。その他の国連人権機関も、拷問・虐待からの保護は教育施設にも適用されると明言している。

第1章　拷問の現在

私人による拷問

　拷問等禁止条約は、「公務員の同意もしくは黙認のもとで」加えられた拷問行為に対する国家の責任を明確にした。例えば、人種差別的な暴力行為に対し、保護措置を取ることを怠った場合、拷問における同意もしくは黙認に相当する可能性がある。

　国家はまた、国際人権法に基づき、私人による行為を含む人権侵害について、相当な注意を払って防止し、調査し、そして処罰する義務を有している。この国家責任という基本的な概念は、すべての主要な人権条約のなかで規定されている。例えば自由権規約では、拷問を受けない権利を含め、この条約のなかで規定された権利を「確保する」よう各国に義務づけているが、自由権規約委員会では、個人の資格で行動する者によって加えられる行為にまで、義務の適用範囲を拡大している(*12)。

　さらにヨーロッパ人権裁判所は、ヨーロッパ人権条約に基づき、国家は私人によって加えられる虐待も含めて、私人が拷問または非人道的な、または品位を傷つける取り扱いまたは刑罰を決して受けないようにするために必要な措置を講じるべきであると裁定した。1998年、同裁判所は、英国がヨーロッパ人権条約第3条（拷問・虐待の禁止）に違反し、義父によって杖で打たれた9歳の少年に対し、適切な保護措置を怠ったとする判決を下した(*13)。

　「当然払うべき努力」という概念は、国家が私人を人権侵害から保護する責任を果たすために、どの程度努力すべきかを説明する一つの方法である(*14)。例えば、家内労働に従事している者が虐待を受けた場合、雇用主の自宅で起きた事件であるから、あるいは社会的または文化的な習慣によって正当化されるからと主張したところで、国家は責任を免れることはできない。「当然払うべき努力」とは、そのような虐待を防止し、それらが発生した場合は調査し、加害者であるとされる者を起訴し、公正な裁判手続きによって裁判にかけ、適切な補償やその他の救済策を提供するために、必要な措置をとることである。それはまた、あらゆる種類の差別を行なわず、裁判が公正に行なわれるよう保証することでもある。

　アムネスティは、私人による暴力行為が、国際基準に定義された拷問または残虐な、非人道的な、または品位を傷つける取り扱いまたは刑罰の概念に一致する特性を有し、かつ重大であった場合、そして国家が適切な保護措置を取る義務を怠った場合、それを拷問・虐待であると見なす。

　非国家主体による虐待に対して国家に責任を求めることは、女性や子ども、人種的、性的少数者、その他の被差別者の人権保護に向けた努力において、極めて重要である。こうした差別は、家庭内暴力または人種や同性愛嫌悪に基づく差別犯罪などの様ざまな形の暴力を通じて毎日のように現われている。差別行為が慣例化しているということは、被害者が当局から保護や支援を受け

る可能性もまた少ないことを意味する。政府は、義務を果たすうえで選り好みしてはならない。政府は、どこで差別が行なわれようと、加害者が誰であろうと、すべての人びとに対する拷問・虐待を根絶するために努力しなければならない。

暴力の被害者にとっては、加害者が誰であるか、国家がどのような形で保護を怠ったかにかかわらず、苦痛と苦悩は同じように激しいものである。国家はこれらの虐待を防止し、告発し、救済措置を保証する責任を有しており、アムネスティは各国に対し、その責任を果たすよう呼びかけている。

拷問——戦争の道具

「私は、2人の男に強姦されました。それから彼らは、私を強姦するというチェトニク(セルビア民族主義準軍事組織)を何人も連れてきました。私はいやだと言いました。すると彼らは、私の子を窓から放り投げるぞと言いました」。
「彼らは、チェトニクの子どもを私たちに産ませたいのだと言いました。……彼らはこう言いました。『帰りたいなどと、夢にも思わないようにしてやる。そのためには何でもするぞ』」(*15)。

この女性たちは、1990年代に旧ユーゴスラビア連邦を引き裂いた戦争の最中、ボスニア・ヘルツェゴビナ南部の町フォーチャで強姦された。それは組織的に行なわれた恐怖キャンペーンだった。紛争が始まったのは、1992年4月だった。セルビア系ボスニア人とユーゴスラビア人武装勢力が、この町と近隣の村を制圧し、イスラム系ボスニア人とクロアチア系ボスニア人を一斉に狩り集めた。男性は、数カ所にある拘禁施設で拘禁され、多くの人びとがそこで「失踪」した。女性は拘禁施設内や、性的奴隷化と強姦のために特別に作られた場所に拘禁された。数十人の女性、子ども、老人が体育館に拘禁されたが、そこにいた女性は毎晩のように連れ出され、強姦された。性的虐待を受けたり、殴打されたりしたために負傷した女性たちは、何の治療も受けることができなかった。殴られたことがもとで2人の女性がそこで死亡した。この事件に関わったとされる者のうち数名が逮捕され、旧ユーゴスラビア国際刑事法廷に起訴された。

第1章　拷問の現在

1997年、ザイール（現在のコンゴ民主共和国）のキンシャサにあるモブツ軍キャンプで、ルワンダのフツ民兵組織のメンバーだった捕虜が、頭に銃を突きつけられている。長期化、複雑化したこの国の紛争で、多くの紛争当事者が拷問やその他の残虐行為を行なった。

今日では、戦争の犠牲者のほとんどが兵士ではなく、民間人である。現代の紛争では、民間人を威嚇することが、戦争遂行の手段として一般的になっている。そしてそこには、必ずといっていいほど拷問がついてまわる。アルジェリアでは、1989年から1991年のあいだ、治安部隊による拷問行為は事実上根絶されていたが、1992年、現在の紛争が始まった頃に再び拷問が行なわれ始め、その後急速に広まっていった。

近年、世界の様ざまな地域で、常におよそ30の武力紛争が行なわれている。そのほとんどは国家間の戦争ではなく、同一国内での武力紛争である。散発的なゲリラ戦から、完全装備の軍隊間で争われる全面的な内戦までが含まれる。

戦争中であっても、拷問の国際的禁止は適用される。たしかに武装政治勢力は国際人権条約の当事者ではないので、国家と同様の責任を有してはいない。しかし、そのような組織のメンバーは、戦争法とも呼ばれる国際人道法を尊重するよう義務づけられている。

1949年に締結されたジュネーブ4条約と、1977年の2つの追加議定書は、戦争法を成文化した主要条約である。ジュネーブ条約は、国際的な武力紛争において、被占領地の民間人や捕虜など、同条約によって保護されている人びとに

> アムネスティの調査によると、1997年3月以降30カ国以上で、対ゲリラ作戦あるいは武力紛争の際に、公務員による拷問・虐待が行なわれた。また、1997年以降30カ国以上において、武装政治勢力による拷問・虐待が行なわれていたことも判明した。

対する拷問の使用を禁じている。ジュネーブ条約のもとでは、国際的武力紛争における拷問は戦争法に対する「重大な違反」——つまり、戦争犯罪である。拷問・虐待は、ジュネーブ4条約のすべてに共通する第3条(「共通第3条」と呼ばれる)に基づいて禁止されており、それは国内的武力紛争にも適用される。ジュネーブ条約の共通第3条は政府のみならず、政府に反対する武装勢力のメンバーにも適用される。共通第3条違反である拷問は、国際刑事裁判所設置規程によって、戦争犯罪とされている。この規程は1998年に採択されたものの、2000年10月現在ではまだ発効はしていない。

コンゴ民主共和国では、1999年に反政府武装勢力によって占領された地域において、女性の強姦が広範かつ組織的に行なわれている。しかし、犠牲者のほとんどは、夫から拒絶されたり、周囲から白い目で見られることを恐れて沈黙を守っている。1999年の初頭、コンゴ民主共和国のキンドゥにある病院で、女性患者を強姦した戦闘員が、強姦した女性をHIVウィルスに感染させたと自慢げに話していたとの報告があった。

コロンビアでは、政府軍およびその同盟準軍事組織と反政府武装勢力との間の紛争がある地域に生活する民間人が、拷問を含む政治的暴力の被害者となっている。1999年には、少なくとも1,000人が政治的な動機で殺人の犠牲となった。さらに、1,000人が準軍事組織や反政府武装勢力によって誘拐され、身代金目的と政治的理由で拘禁された。多くの人びとが、準軍事組織により四肢を切断されるなどの拷問を受けた後で殺害された。政府関連勢力と反政府勢力の

©Rex Features

タミール・イーラム解放の虎(LTTE)。スリランカの北東部のタミル州の独立を求めて戦っているLTTEは、シンハラ人やイスラム教市民に対する誘拐、拷問、殺害に関与している。

第1章　拷問の現在

1999年の紛争の後で、コソボの首都プリシュティナにあるこの建物に入った英国の兵士たちは、ナイフ、ゴムや木でできた棒、野球のバット、指にはめて相手を殴るための金属器具など、拷問に用いる武器を発見したと報告している。

双方が捕虜に対して拷問を加えた。

スリランカでは、政府軍とタミール・イーラム解放の虎(LTTE)の間で長期間にわたり内戦が続いているが、その両者ともが拷問を加えている。LTTEは、捕虜の身体を逆さ吊りにして、殴打する、とうがらし粉を吸入させる、指の爪にピンを刺し込む、熱した棒を押し当てて火傷させるなどの行為を繰りかえしてきた。1992年から1995年まで、LTTEの捕虜となっていたコビンタン・ミルバガナムの写真からは、性器、太もも、尻、背中の各部分に、熱した金属で火傷させられた痕がはっきり残っている。

武力紛争による混乱と恐怖のなかでは、拷問やその他の残虐行為に対する責任が一体どちらにあるのか、確認することの困難な場合もある。しかし、拷問が絶対に許されぬ行為であることは、明らかである。

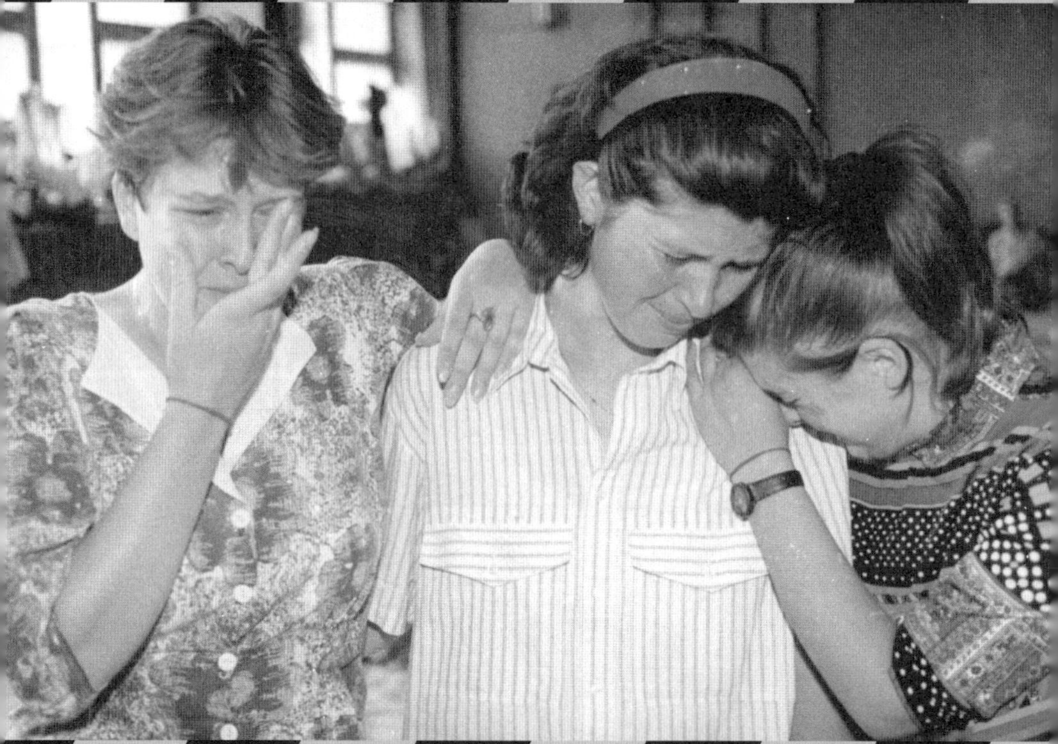

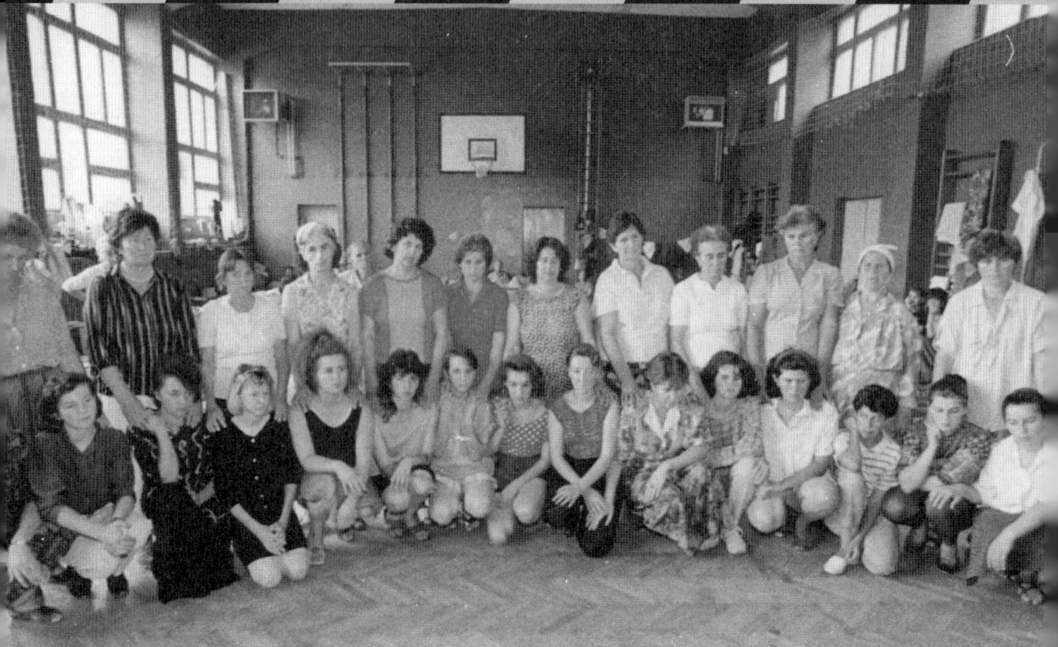

第2章　差別──拷問の温床

　差別は、人権そのものへの挑戦である。特定の人びとやグループの人権を、出身や信条だけを理由に、組織的に否定してしまうものである。差別は、世界人権宣言の「人権は、すべての人が生まれながらにして与えられた権利で、区別なくあらゆる人に保障されるものである」という基本的な原則にそむくものである。拷問の禁止は絶対的なものであり、いかなる状況の、いかなる人に対しても拷問は許されない。

　拷問は、差別を助長する。拷問は、被害者の人間性を奪い、拷問の実行者と被害者の間の人間的なつながりを断ち切ってしまう。拷問の被害者が、社会的、政治的、民族的に差別を受けている集団の出身である場合は、さらに人間性が否定される。差別はヒトをモノにおとしめる。ただのモノとなれば人道的な処遇はいらない。それが拷問を生み出す温床になる。

　差別を受けている集団は、拷問の被害を受けやすい。同性愛を処罰したり、女性の基本的人権を制限したりするような差別的な法律は、拷問を認める公のライセンスのようなものだ。法律の差別的な運用は、刑事司法制度のあり方にも影響を及ぼす。例えばある国では、黒人は警察のパトロール中に職務質問で捕らえられ虐待を受ける可能性が、白人よりずっと高い。

　被害者のアイデンティティや地位によって、虐待の性質も結果も変わってくる。例えば、成人と一緒に収容された子どもは強姦や性暴力を受けやすい。社会的に疎外された集団出身の被害者は、法的救済手段に訴えることも難しい。差別が原因となって拷問が行なわれた際には、それについて何らかの公的な行動を取ることは難しく、結果的に免責が増長されることになる。

　被差別集団は、人種主義者の攻撃、女性に対する家庭内暴力、同性愛者に対する差別犯罪といった暴力を受けた場合に、法律による平等な保護を受けることができない。このように偏見が暴力的な動きにつながった場合、公的な機関が行動を起こさないと、それはますます助長される。

　各国政府は、国際人権基準に基づき、あらゆる形態の差別撤廃に取り組むことを義務づけられている(*16)。

ボスニア北東部トゥズラの難民キャンプのイスラム系ボスニア人の女性たち。この40人の女性たちは、1991年から1995年にかけて続いた旧ユーゴスラビア紛争のあいだに、セルビア系民兵によって、組織的な強姦の犠牲となった。彼女たちは、「世界中に真実を知ってもらう」ために写真撮影に同意した。

> **差別**
> 「差別という言葉は、人種、肌の色、性別、言語、宗教、政治その他に関する意見、出身国や出身地域、財産、出生やその他の状況といったあらゆる理由に基づいた区別、除外、制限、選択を指している。また差別は、すべての人がすべての人権や自由を平等に認められ、享受し、行使することを、無効にし、妨げる目的を持っているものだと理解しなければならない」(自由権規約委員会、一般意見18)

拷問を助長し、司法制度の平等な活用を否定する差別的な法律を廃止し、すべての人の拷問・虐待を受けない権利を保障するために、地域社会で暴力を受けた場合に効果的な保護を与えなくてはならない。また法律や国家機関には、政治目的で差別を繰りかえしたり、扇動したりするのではなく、差別の根本的な原因をはっきりさせる義務もある。

次の項では、拷問被害者の特定の集団に焦点を当て、アムネスティが活動のなかで見い出した拷問のいくつかのパターンと、差別が拷問の過程において果たす役割を中心に見ていく。これらの集団に焦点を当てるからといって、それが唯一の被害者集団というわけではない。他の被害者の苦しみがここで取り上げる被害者の苦しみよりも軽いということでもない。またいくつかの分類を試みているが、実際にはそれらは相互に絡み合っている。人間一人ひとりのアイデンティティは複雑で、人種、民族、性別、性的指向、階級といった要因のひとつに絞ることはできない。

今日の特定の拷問被害者に向けられた虐待のパターンと、被害者が危険な状態に置かれることになった事情、そして被害者にとくによく用いられている虐待の形態を特定するのが目的である。これらを分析することによって、どうしたらこれらの危険を免れられるかを知る手がかりを得たい。

人種差別と拷問

「黒んぼは、まず殴ってから名前を聞くぐらいがちょうどいいんだ」。
(1999年8月、オーストリアのウィーンにおいて、研修中、部下の警察官に上官が言った言葉)

第2章　差別——拷問の温床

　1977年の南アフリカ黒人意識運動のリーダー、ステファン・ビーコーの獄中死をきっかけに、世界は、アパルトヘイトのもとでの拷問に注目するようになった。アパルトヘイトというのは、白人が南アフリカの法制度、政治制度を独占することが法的に承認、保護された制度である。世界的には人道に対する犯罪だと非難を受けた。ほぼ4半世紀後にアパルトヘイトは幕を閉じることとなったが、南アフリカを含む多くの国で、制度化された人種差別やその土地特有の人種差別は根強く残っている(*17)。こうした人種差別の結果として、公務員が人種を理由に拷問・虐待を加えるという現象が、世界的に見られる。
　アムネスティの調査によると、ヨーロッパや米国で警官に暴行されるのは、大部分とは言わないまでも、多くは黒人やその他の民族的少数者である。アメリカ大陸では、とくに土地の所有権をめぐる争いで、先住民が拷問・虐待を受けている。これは何世紀にもわたる従属の産物である。アフリカやアジア、東ヨーロッパにおける最近の民族紛争では、強姦や四肢切断、その他の拷問といった手段が戦争の武器として使われた。移民に対して外国人排斥的な反応を示す人びとの増加、刑事司法制度内に存在する差別、民族間の武力紛争の復活などによって、人種差別的な虐待は増えている。

移民

　経済のグローバル化は国境を越えた資本の自由な流れを意味するが、その一方で、移民という人間の流れは、今までにないほどの大きな障害に直面している。基本的な尊厳と安全が保障された生活を求めて自国を後にし、逃れてきた移民や移住労働者、難民としての保護を求める人びとが、受け入れ国で係官から人種差別的・外国人排斥的な虐待を受けることはよくあることだ。移民に対する過酷な取り扱いは、各国の移民政策において普通に見られる現象になりつつある。とくに、外国人排斥の意識が広がっている国では顕著である。
　オーストリア、ベルギー、ドイツ、スイス、英国など西ヨーロッパの国ぐにでは、退去強制中に外国人が死亡するパターンが目立って増えている。これは明らかに、警察による過剰な力の行使、危険な拘束手段の使用の結果である。
　難民としての保護を求める人びとも、拘禁中に虐待されている。1998年6月にキプロス沖を漂流している漁船から難民としての保護を求める113人の人びとが救助された。拘禁中の8月には、病院で治療を受けなければならないほ

ど警察官に殴られた人が出た。10月には、ラルナカ拘禁施設に収容されていた113人のうちの40人を、退去強制しようとして、緊急介入部隊の隊員が監房に催涙ガスを投げ込み、彼らを腹ばいにさせて、蹴ったり、踏みつけたり、警棒で殴ったりした。ベルギーでは、1998年11月、難民としての保護を求めてコンゴ民主共和国から来たブランディン・カニキが、拘禁施設に収容されているあいだに、こん棒や盾で武装しヘルメットをかぶった警官から他の収容者とともに暴行を受けたと申し立てた。彼女はそのために流産した。

中東地域でサウジアラビアはとくに、移民労働者の集まってくるところである。この国では、外国人労働者には法的な権利がほとんど認められておらず、法律による保護や救済も非常に限られている。移住労働者は、ビザが不備だというだけで、長期間にわたって拘禁されたり虐待を受けたりする。もっと重い犯罪で起訴された者は、四肢切断、むち打ち、死刑などを含む、拷問を受ける可能性が高くなる。家政婦として働いている女性の移民は、雇い主の好き勝手に扱われている。殴打や強姦のような虐待を受けても、救済の手立てがまったくといってよいほどないのが実情である(*18)。

日本では、拘束された外国人が当局に虐待される危険性が非常に高い。ビザの失効後、退去強制までのあいだ拘禁されている外国人労働者や日本の刑務所に収容されている外国人は、恣意的な懲罰、屈辱的な処遇、殴打に苦しんでいる。難民としての保護を求める人びとも、独房に長期間拘禁されることがある。あるエジプト人は、東京拘置所で何度も暴行を受け、話をしてはいけないときに話をしたというだけの理由で、劣悪な状況の懲罰房に入れられた。彼はアムネスティに「東京拘置所を出るときには、われわれはもう人間なんかじゃない。犬にもしないような扱いをされたんだ……」と話した。

アパルトヘイト以後の南アフリカでは、移民や難民、とくに他のアフリカ諸国から来ている人びとが、警察から暴行を受けたり、公務員に敵意ある言葉を浴びせられたりしている。また、高い犯罪率や失業率は移民や難民のせいだと考える人びとから暴行を受けることもある。国家人権委員会やNGOは、外国人排斥に反対するキャンペーンを行なったり、「外国人の容姿」をしているために人権を蹂躙された人びとのために訴訟を起こすなどの対応を行なっている。

第2章　差別──拷問の温床

偏見に基づく取り締まり

　アムネスティが多くの国で警察の取り締まり活動を監視した結果、法執行官のなかには民族や人種を、犯罪性を判断する指針として考えている者がいることがわかった。

　西ヨーロッパでは、黒人やその他の民族的少数者が、麻薬取り引きや身分証明書を所持していないなどの嫌疑で日常的に拘禁されている。人種差別的な虐待を受けたと申し立てても、それらのほとんどは十分に調査されない。イタリア国籍の黒人医学生、グラチェ・パトリック・アクパンは、1996年2月にイタリアのカタンザロで身元照会のために警察官に呼び止められた。自分がイタリア人であることを告げると警察官たちは「黒人がイタリア人のはずがない」と答え、無線で「黒人の娼婦」を署に連行すると連絡していた。彼女は呼び止められたその場でも、警察署内でも、暴行を受け、釈放された際には頭や胸に切り傷やあざなどのけがをしていて2週間の治療が必要だった。ほぼ3年後の1999年10月に、裁判で2人の警察官は虐待で有罪となったが、2カ月の執行猶予がついた。

　ブルガリア、スロバキア、ハンガリーでは、警察官が集団でロマの家財やその共同体を襲撃したという報告がある。これらの国とルーマニアでは、警察官が、自白の強要やロマ共同体を脅す目的で、ロマの人びとを虐待することがある。多くのロマの人びとは、復讐を恐れて自分たちが受けた虐待について訴えたりはしない。

　オーストラリアでは、アボリジニの人びとが投獄される比率が、人口比から見て異常なほど高い。司法による調査などによって、投獄がアボリジニの人びとに大きな打撃を与えているということに、政府が無関心で何の対策も取っていない事実が指摘されたのだが、この状況は変わっていない。驚くほど多くの人びとが拘禁中に病気や自殺で死亡している。彼らは生前に、虐待の事実を訴えていた。1997年3月にクイーンズランド州のイプスウィッチでアボリジニの若者たちに殴る蹴るの暴行を加えているところを防犯ビデオに撮られた3人の警察官は、1999年9月に暴行の容疑について無罪とされ、暴力的な新しい拘束技術を用いたとして賞賛すら受けた。

　政府による拷問・虐待も、人種差別、外国人排斥意識、民族憎悪などを理由にした暴力行為である。国家には、公務員だけでなく、いかなる者にも人種差別

ハンガリー

13歳のモニカ(仮名)は、日曜日の朝、警察官にベッドから引きずり出され、顔を叩かれ、寝間着のまま警察署に連行された。警官たちは、「この売女!」と彼女をののしり、殺すと脅した。1999年9月5日、ブダペスト北部のアパートを警察が襲撃し、6人のロマの若者たちが逮捕された。モニカはそのうちの1人で、最年少だった。正午少し前にハンガリー警察の警察官たちが13番地区にある2つのアパートに突入した。このとき捜査令状の提示はなく、何の説明もなかったとのことである。前夜のパーティーの後、そのアパートで眠っていた若者たちには、徐々に自分たちがある妊婦を襲い、流産させた容疑をかけられているのだとわかってきた。

3人の若者たちは殴られ、殺すと脅された。警察官たちは、16歳のサンドル(仮名)と21歳のノルベルト・バッティを床に押し付け、後ろ手に手錠をかけた。それから横たわっているその若者たち二人の頭や肩、背中を、長さを3段階に変えることができる武器で殴った。手錠をかけられ、床に倒れているサンドルの手首の上に乗った警察官もいた。別の警察官は彼をはがいじめにして、彼の頭を中庭の金属製のドアに打ち付けた。17歳のミクローシュ・ドロートシュは、寝ているところを殴られ、その後床に倒れていると首のあたりを踏みつけにされた。3人の女性たちは、人種差別的、性差別的な中傷を受けた。19歳のエルビラ・バルガは、妊婦が襲撃された事件のことは何も知らないと言うと、警察官たちに顔や頭を叩かれ、鼓膜が破れた。ある警察官は、17歳のリーラ(仮名)の顔を叩き、「赤ん坊は、お前たちのせいで死んだんだ」と言った。

警察官たちは、警察署ではサンドルの頭を建物のドアに打ち付けた。サンドルとノルベルト・バッティは、警察署の廊下でさらに45分間殴打された。そのとき彼らは、ミクローシュ・ドロートシュが叫ぶのを聞いた。サンドルが警察官に、息をするのが苦しく、胸に鋭い痛みを感じると訴えると救急車が呼ばれたが、救急隊員が彼を病院に連れて行くことは許されなかった。

3人の取り調べをした警察官たちは、彼女たちにさらに言葉の暴力を加えた。モニカが13歳だということがわかっても、母親に連絡するよう求める彼女の要求を受け容れようとはしなかった。エルビラ・バルガが19歳だとわかると、警察官たちは「お前は未成年じゃないから、殴ってもいいな」と言った。

子どもたちの親は、その日の夕方警察署にやって来た。そこに「ロマ市民権基金」の代表者も加わり、異議申し立てをした。6人の子どもたちは午後9時になってやっと不起訴、釈放となった。

ハンガリー内務省は、ロマの青年たちが攻撃的な態度をとったので警察官たちは「威圧的な手段」に訴えたのだとして、警察の行為を正当化した。しかし、警察が完全武装で大挙して押しかけてきたときには、若者たちは寝間着で寝ていただけであった。

警察に虐待を受けた6人の若者のうちの4人。

第2章　差別——拷問の温床

警察に殴られている
ロドニー・キング
（アマチュア撮影のビデオ、
1991年3月3日）。

　ロドニー・キングの事件は、米国における警察官の暴虐行為について大議論を巻き起こした。この事件は1991年3月3日に起きた。ロドニー・キングと、自動車に同乗していた二人が逃走したため、追跡され、自動車の外に出るよう命じられた。ロドニー・キングはスタンガンで2度電気ショックを浴びせられた。残されたビデオテープは、彼がその後、21名の警察官が見守るなかで、3人の制服警官によって棒による殴打、脚蹴り、拳による殴打を合計56回も受けたことを示していた。ロドニー・キングは、ほほ骨の陥没、踵と頭蓋骨骨折を含む、複数の箇所を負傷した。
　1992年4月、この事件で起訴された4人の警察官は、州裁判所で無罪判決を受けた。この陪審判断は大きな議論を巻き起こし、ロサンジェルスで50人が死亡する大規模な暴動に至った。
　結局、1993年4月、警察官のうちの二人が、この事件で連邦市民権を侵害したとして有罪となり、30カ月の刑を宣告された。

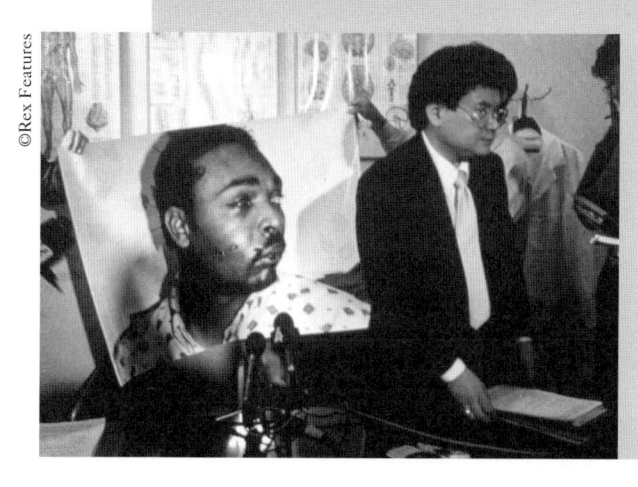

支援活動家が
ロドニー・キングの
傷痕を写した写真を
掲げている。

を理由にした暴力行為をさせないようにする義務がある。人種差別撤廃条約は、すべての者が「公務員またはいかなる個人集団もしくは団体のいずれによって加えられるかを問わず、暴力行為または身体への危害に対して、身体の安全および保護」を受ける権利を確保する国の義務を強調している。しかし実際は、法執行機関内に人種差別の風潮があるために、人種差別による暴力の被害者たちは二重の危険にさらされている状況だ。

　英国では、警察が人種差別的理由に基づく襲撃行為を放任していることがわかっている。1993年に起きた、黒人少年ステファン・ローレンスが人種差別主義者に殺害された事件について、警察の捜査活動を調べてみると、その捜査には根本的に誤りがあったことがわかった。その原因は、警察官に職務遂行能力がなく、警察組織全体に人種差別意識があり、上官には部下を統率する力がなかったことだった。1999年に警察苦情委員会は、1997年10月にロンドンでアジア人学生リッキー・リールが溺死した事件を、公平な立場で徹底的に調査しなかったとして3人の警官を有罪とした。

武力紛争

　今日起きている紛争の多くは、最近のバルカン半島での戦争や中央アフリカやアフガニスタンで続いている戦闘のように、国家主義や民族主義意識が背景にある。民族や人種の違いが政治的に利用され、世界中で多くの紛争を激化させている。

　ロシア政府軍は、チェチェン紛争において特定の民族集団全体に疑いの目を向けている。1999年、チェチェン人やコーカサス地方出身者が、モスクワやロシア連邦内で恣意的に拘禁・虐待・拷問されたという報告がある。チェチェンでは、一般市民がいわゆる「フィルター・ラーゲリ（強制収容所）」内で、強姦や電気ショック、その他の拷問を受けた。収容所内に拘禁されている人のはっきりした数はわかっていないが、2000年の初めにはチェルノコゾボ収容所だけで少なくとも700人が拘禁されているという報告があった。以前拘禁されていたある男性は、自分たちが拘禁されていた房の脇の通路で、10人ほどの看守たちによって、14歳の女性が強姦されているのを見たと証言した。彼女は、拘禁されている母親に面会に来て、5,000ルーブルを支払って5分間の面会を許されたのだった。しかし、5分間の面会で終わるはずが、4日間にわたり房に収

第2章　差別——拷問の温床

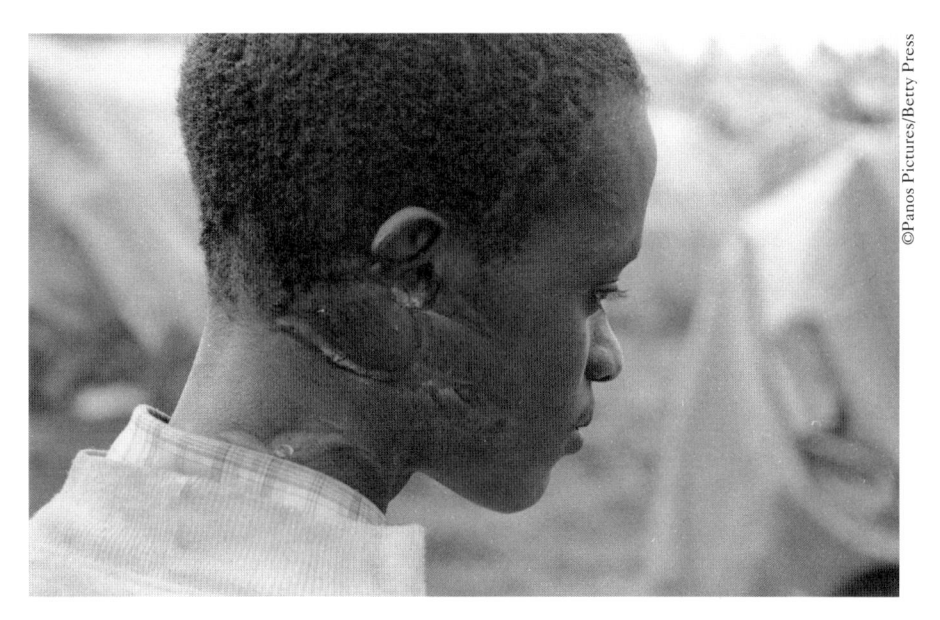

戦争の傷痕。
1994年のルワンダにおける
大虐殺の際になたで傷を受けたが
命をとりとめたツチの人。

©Panos Pictures/Betty Press

容され、殴られ、看守たちから度重なる強姦を受けるという仕打ちを受けた。

　国外でほとんど注目されていないブルンジの紛争では、相変わらず年間何百人もの非武装の民間人が命を奪われる状況が続いている。経済的、政治的権力を手に入れようとして各民族が争いを続けており、ツチ中心の武装勢力がフツ中心の反政府武装勢力の反乱を抑えるために、拷問も行なわれている。ブルンジでは、被拘禁者への拷問・虐待はとりわけ警察や軍の拘禁施設において広く行なわれている。とくに、反政府武装勢力の協力者だと疑われた人間は、拷問や「失踪」といった目に遭う危険性が高くなる。彼らは電気線や棒で殴打されたり、関節部分、足の裏、性器などを重い器具で叩かれたり、非常に苦しい格好で縛られたりした。人びとは、夜中でも逮捕されるのではないかと思うと怖くて眠れないという。タンザニアのキャンプで聴き取り調査を受けた25歳の難民は、1998年1月に自宅の近くで、25人ほどの若者といっしょに反政府武装勢力との関わりを疑われて兵士たちに捕らえられ、その後逃げてきたのだと語った。アムネスティが聴き取りをしたその他の多くの難民と同様に、彼も自分がフツであるということだけでフツ中心の反政府武装勢力を支持しているという疑いを持たれるこ

とを恐れていた。

　2001年の国連世界人種差別会議は、人種差別を理由にした様ざまな暴力行為にスポットライトを当てるよい機会となるだろう。会議では、虐待や拷問の廃止に向けた各国政府が行動すべき課題を作成すべきである。

女性への拷問

　この20世紀に女性の人権に関する状況は大きく進歩した。しかし、様ざまな分野でまだ差別が見られるということは、女性がいまだに「二級市民」として扱われていることを意味している。この2、30年に女性を取り巻く状況がいろいろ改善されたとはいえ、いまだに政治の世界で活躍する女性は非常に少ないし、仕事と育児の二重の負担を強いられ、男性に比べると収入や資産も少なく、教育、雇用、医療の機会も平等ではない。

　女性への差別はしばしば暴力という形をとる。武装勢力に「戦利品」として提供されて強姦されることもある。伝統の名のもとに女性性器切除を強要されたり、家の「名誉」のためにむち打ちを受けたり、殺されたり、その他の家庭内暴力の犠牲となっている。

　拘禁施設のなかであろうと、地域社会や家庭内であろうと、女性への暴力は社会で女性が従属的な立場に置かれている状況と密接なつながりがある。国際基準も認識しているように、女性に対する暴力(*19)は男女間の力関係が不平等であることの表われであるし、男性が女性を隷属させるための道具になっている。

　ときに、女性へ暴力をふるうのが公務員の場合もある。たとえば、警察や軍の拘禁施設でよく用いられる拷問の一つは強姦である。しかし、女性たちが日常生活のなかで経験する暴力は、多くの場合、雇い主、家族、近隣の男性からのものである。家庭や地域社会の内部で女性が受ける多くの形態の暴力も、拷問・虐待に相当する。こうした暴力で女性が受ける被害は、拘禁施設で拷問を受けた女性のそれと変わらないか、さもなければほとんどそれに近い。実際に暴力をふるうのが公務員でないにしても、国がきちんとした行動を取らないのであれば、政府が女性に対する暴力を継続させているのと同様である。どのような状態においても、政府には女性が拷問または残虐な、非人道的なまたは

第2章　差別──拷問の温床

©Popperfoto/Reuters

1999年7月、売春宿から追い出されたバングラデシュの売春婦たち。
国連開発計画のダッカ事務所の外で抗議デモを行なっている。
彼女たちは、追い出されるときに、警察官から拷問を受け、そのために介助者を雇わなければならなかったと申し立てている。
社会の周辺部に追いやられた集団に属している者たちは、治安部隊と関わりを持ったときに、とくに拷問の被害を受けやすい。

品位を傷つける取り扱いを受けないよう、彼女たちの権利を保障する責任がある。

法律で認められた女性への暴力

多くの国の法律が、女性に対する差別を謳っている。女性の活動、表現、結社の自由を制限した差別的な法律に違反すると、拷問または残虐な、非人道的なまたは品位を傷つける取り扱いに相当する罰を受ける。1999年の6月中ごろ、スーダンの大学内でピクニックをしていた24人の学生が逮捕された。彼らは、「不道徳でみだらな行為を犯し」、厳しい服装規定に違反したということで公秩序裁判所から有罪の判決を受けたが、その根拠は、女子学生がシャツ、ズボン、Tシャツ姿で、男女が手を取り合って伝統的なダンスを踊っていたということだった。その学生たちは、最高40回のむち打ちの刑と罰金を科された。

アフガニスタンでは、タリバーンが女性の就職や教育、男性親族の同伴なしの外出を禁止する勅令を出したので、女性たちの活動の場は自宅内に制限されている。この勅令に違反すると、組織的な虐待を受けることになる。タリ

バーン倫理道徳省の構成員は、女性が足首を見せたり、男性親族を同伴していないことや、大声で笑ったことなどを理由に、街中で女性を長い革製の杖で殴る(法律には定められていないが、女性のふるまいを制限する社会規範に違反したことで、女性が拷問・虐待を受ける国はほかにもある)。

拷問に相当する身体刑を、姦通した女性に適用するよう司法制度で定めている国もある。なかには、女性にとって不平等な規則で定められた証拠手続きや裁判手続きに基づいて有罪が宣告されるところもある。

拘禁中の女性に対する暴力

公務員が、強姦やその他の性暴力を用いて女性を拷問している国は多い。実際に強姦したり、強姦すると脅すのは、自白の強要や、脅迫、自尊心を傷つけることが目的である。身体的苦痛だけでなく、心理的な苦痛を与える意図があるのだ。看守、治安部隊要員、軍人が女性被拘禁者を強姦するのは拷問にあたる。

強姦された後、彼女たちを待ち受けている状況は過酷だ。女性が社会に受け入れられ、生活に必要な経済力を確保するためには、結婚が唯一の手段であるような社会では、強姦されたことで結婚に不適切とみなされた女性は、厳しい経済状況と社会からの孤立に直面する可能性がある。HIV-AIDSウィルスへの感染を含む性病の危険だけでなく、妊娠という結果に耐えなければならない女性も多い。男性に比べると女性には裁判に訴えるのに必要な資金がない場合もあるだろう。恥だと考えたり、当局が申し立てに対してきちんとした捜査をしてくれないだろうと考えて、裁判に訴えない女性も多い。

2人の若いクルド人女性——16歳の高校生N.C.S(イニシャル)と19歳の学生ファトマ・デニズ・ポラッタシュは、1999年3月に反政府武装勢力のメンバーだという罪で、トルコのイスケンデルン警察のテロ対策課に数日間拘禁された。彼女たちは、裸で目隠しされた状態で拘禁され、食事も与えられず、寝ることもトイレへ行くことも許されなかった。自白しなければ彼女たちの親を強姦すると脅された。N.C.Sは、頭、性器、臀部、胸を殴られ、裸で水のなかに入れられ、その後は宙吊りにされて、冷たい水をホースで浴びせられた。ファトマ・デニズ・ポラッタシュは、顔を殴られ歯が折れた。それから、四つんばいにさせられ、「長くてのこぎり状の」物を肛門に挿し込まれたとのことである。2人は、数度にわたり5人の医者の診察を受けたが、誰も拷問の兆候を報告した

第2章　差別──拷問の温床

ものはいなかった。それどころか彼女たちは、屈辱的な「処女性のテスト」(処女膜の検査)をされた。彼女たちは苦情申し立てをしたが、イスケンデルンの検察庁長官は警察官たちを起訴しないという決定を下した。この決定に控訴して、2000年の初めにようやく4人の警察官の拷問に対する裁判が始まった。トルコでは警察官による強姦の申し立てがあった場合、それが調査されることはほとんどなく、有罪とされる人もごくわずかである。トルコの刑法は、性暴力を犯罪と定めていない。また、強姦を非常に狭く定義(男根の膣への挿入)しているので、ファトマ・デニズ・ポラッタシュのようなケースでは、法律が何らの保護機能も果たさない。このような状況があるために、強姦に対しては責任を問われない場合が多い。

　被害者が脅迫や報復を恐れるので、強姦への免責は世界のあちこちで広がっている。1999年3月、ラージャー・ベグムとその娘グルシャム・バーノーはインドのジャンムー・カシミール地方で、他の3人の女性とともにインド兵に拘禁された。5人とも繰りかえし強姦されたと伝えられているが、釈放後その兵士たちを警察に訴える勇気があったのはラージャー・ベグムとその娘グルシャム・バーノーだけだった。この事件は報道され、一般市民による抗議行動が起こった。しかし、その後数カ月間、この一家は、拷問したとされる兵士たちと同じ部隊に所属する兵士たちから繰りかえし脅迫や嫌がらせを受けた。1999年3月、グルシャム・バーノーと父親は拘禁施設に入れられた。後に釈放されたが、おそらく強姦の申し立てを取り下げるという条件での釈放だったと思われる。国家人権委員会が、この件を取り上げたと伝えられている。

　女性たちは、刑務所でも拷問・虐待を受ける危険にさらされている。女性被拘禁者たちに何が必要なのかという点はほとんど考慮されていない国が多い。たとえば、病気や妊娠中の女性に不必要に拘束具が使われて、健康に深刻な影響を及ぼすこともある。国によっては、女性用の拘禁施設や刑務所がなく、男性被拘禁者から強姦や性的虐待を受ける危険性が高いところもある。女性用の拘禁施設や刑務所を設けないということは、拷問・虐待を国が認めているようなものである。国際基準に違反して男性看守の監視下にある女性被拘禁者は、とくに危険な状態に置かれているといってよい。

武力紛争における女性に対する暴力

　武力紛争下での戦闘員による女性への強姦は何世紀にもわたって続いている。敵側の女性に対する大規模な強姦は好んで使われる戦法ですらある。旧ユーゴスラビア、中央アフリカ、シエラレオネなどでの最近の紛争では、地域社会全体を恐怖に陥れ、住民をそこから立ち退かせるために強姦が利用された。シエラレオネでは、非武装の民間人を強姦することが作戦の一つになっている(*20)。国連の女性に対する暴力に関する特別報告者の言葉によると、「敵側の女性に対する性暴力は、彼女たちを守ることができなかった敵側の男性に対する自分たちの勝利を示すために使われているのです。つまりそれは、敵の去勢を表わすメッセージです。男たちは女たちの身体をかけて戦闘しているのです」(*21)。

　難民や紛争によって住み慣れた土地を追われた国内避難民の大多数は女性である。彼女たちは、国境や難民キャンプで、強姦や性暴力の被害を受けることが非常に多い。例えば国境付近では、警備隊員が無事に国境を通す見返りに性行為を要求することがある。インドネシアの西ティモールでは、1999年9月に隣の東ティモールでの暴力から逃れてきた女性難民に対して性暴力があったと報告されている。西ティモールの難民キャンプから、東ティモール人女性が夜に連れ出され、親インドネシア民兵組織のメンバーに強姦された。西ティモールへ逃れた難民たちの話によると、強制的に売春婦として働かされる女性もいれば、民兵組織の指揮官やインドネシア国軍将校のための性的奴隷にされる女性もいたという。

　グアテマラでは、内戦中に政府が暴動を抑えるために先住民族の女性の大多数が強姦された。1996年の内戦が終結した際に、内戦中の人権侵害を調査するために公的な真相究明委員会が設立された。この委員会は、内戦中に虐待された女性たちとその地域社会がトラウマを克服できるように、地域での医療措置を含めて心理的リハビリが必要だと勧告したが、数年経ってもそのようなプログラムは始まっていない。

　近年の国際法の進展によって、拷問の実行者が政府軍か、武装勢力かを問わず、女性が対象となる場合に固有の形態を持つ武力紛争下の拷問と闘うための法的手段が強化されてきた。旧ユーゴスラビア国際刑事法廷およびルワンダ国際刑事法廷の出した判決は、武力紛争下の女性への暴力が免責されてき

第2章　差別——拷問の温床

©Jenny Matthews/Network

シエラレオネ。この38歳の女性は、1997年に自分の農場を攻撃してきた反乱軍によって腕を切り落とされた。彼女は今、フリータウンにある四肢切断被害者のためのムレイタウン・キャンプで、義手をはめて、植林などの技術を学んでいる。

た状況に終止符を打つ大きなきっかけとなった。また、国際刑事裁判所設置規程（1998年）の採択も同様の効果があった。この規程は、国際紛争、国内紛争を問わず武力紛争下に起こった強姦、性的奴隷、売春の強要、強姦による妊娠、不妊手術強要などの性暴力の形をとる戦争犯罪に対して、国際刑事裁判所に司法管轄権を認

めるものである。この規程はまた、そのような行為は、戦時であろうと平時であろうと人道に対する犯罪に相当し得るとしている。

地域社会や家庭での女性に対する暴力

　世界中の女性が生涯を通して、様ざまな形態の暴力にさらされている。その形態は異なっても、女性にだけ、または男性に比べて非常に高い割合で女性が暴力の被害を受けている。家庭や地域社会の内部での女性への暴力は、報告されることが少ないので、その規模を把握するのは難しい。

　幼児期から子ども時代にかけては、女児は男児に比べて栄養状態が悪い、平等に医療措置を受けられない、労働の強要や家庭内での性的虐待といった形での身体的、性的、心理的虐待を受ける危険がある。推定200万人ほどの女性たちが毎年女性性器切除を受けていると言われている。これは、社会的性差に基づく差別的で有害な伝統的慣習の一つである。

　この社会的性差に基づく最も暴力的な虐待の多くは、家庭内で起こっている。インドでは、毎年5,000人以上の女性が夫や義理の親族から殺害されているという報告がある。多くは、結婚の際の新婦の持参金が、夫の要求額にそぐわないという理由で、「不慮の」火事で焼死させられている。バングラデシュでは、結婚の申し出を断った、あるいは持参金の要求額に応じられなかったという理由で、何百人もの女性が酸性薬物を使って不具にされたり、傷害を負わされたりしている。女性が姦通したという疑いを持たれたり、家族が認めていない人と恋愛関係になったり、強姦されて一族に不名誉をもたらしたりしたような場合、「一族の名誉を守る」名目でその女性を襲ったり、殺害したりしても責任を問われない国もある。例えば、知的障害があるパキスタンの16歳のジャミラ・マンドケルは、1999年3月に強姦された。彼女が属しているクラム管区では部族の会議が開かれ、彼女は部族の名誉を汚したとして銃殺された。しかし、政府はこれに対して何の行動も取らなかった。

　経済的、社会的に力を持つ者が、女性の労働力や身体を搾取し、女性に対して暴力を加えることが多い。経済的に恵まれていない何千人もの女性たちが、家政婦として働くために海外へ送られているが、そこでは雇い主から身体的、性的虐待を受ける危険性がとくに高い。さらに何千人もの女性が、売春をさせ、性的奴隷にすることを目的とした人身売買の対象となっており、同様な危

険にさらされている。拘禁施設内、武力紛争下、地域社会や家庭内で、以上のように性暴力の恐怖が絶えないため、女性が男性と同様の人権を享受できないでいる。拘禁施設内での強姦が免責されるとなると、家庭や地域社会での強姦の責任はいっそう問えなくなってしまう。

強姦をした人間を裁判にかけるのが難しいのには様ざまな理由がある。夫による強姦などいくつかの性暴力を犯罪としていない国もある。性暴力の申し立てを警察が正式に受け付けず、積極的に調査しない国もある。

刑事司法制度のなかに女性に対する差別的な法律や態度があるために、女性が申し立てをしない場合もある。例えばパキスタンでは、証拠に関する規則が女性に対して差別的であり、強姦されたと訴え出ても彼女が性交渉に同意していなかったことを証明する男性イスラム教徒の証人が4人いなければ、姦通や密通の罪で彼女自身が起訴される可能性がある。

被害者の女性が同意していなかったことを証明する証拠が必要であったり、また、強姦を裏付ける確実な証拠を示すのが難しいという理由で、強姦犯の起訴は難しい。裁判手続きの過程で、被害者の苦しみが増幅されることもある。強姦という犯罪の重要性にふさわしくない軽い判決しか出ないために、女性に対して暴力を加えても責任を問われることはないと考えられてしまうのだ。

家庭内暴力のような虐待や、その他女性に対する暴力が法律で犯罪とされていない国もある。これらが犯罪であると法律で一応認められていても、実際その法律は効力を持たなかったり、司法当局がこうした犯罪の防止や犯罪者の処罰のためにきちんと対応していなかったりすることも多い。

国際基準は、家庭内や地域社会での暴力から女性を守り、女性の拷問・虐待を受けない権利を確実なものにするために、各国政府が取るべき対策作りを始めた(*22)。具体的には、適切で法律上、行政上の制度として、あるいはその他の制裁を設けることが含まれている。これは、女性に対する暴力の実行者を起訴、処罰し、被害者に慰謝料や適切な治療を施し、女性への暴力を未然に防ぐ目的がある。

近年このように基準が強化されたのは、世界中の女性の権利をめぐる活動家の努力によるところが大きいが、このような積極的な行動は、大きな危険もはらんでいる。

パキスタン人の人権擁護派弁護士のヒナ・ジラニとその姉妹アスマ・ジャハ

ンギル(*23)は、女性に対する暴力に反対する活動をしていたために殺害の脅迫を受けた。1999年に、何年にもわたって夫から暴力を受けたために、離婚を求めていたサミア・サルワルは、彼女を支援していたヒナ・ジラニの法律事務所でサミアの親族の指示で殺害されたが、このとき、弁護士のヒナ・ジラニ自身ももう少しでけがをするところだった。サミア・サルワルの死は、女性が生活のあらゆる場面で拷問を受けずに済むようになるには、まだどれほど多くの壁があるかを顕著に示している。

拷問と性同一性(セクシャル・アイデンティティ)

　ウガンダでは、レスビアンやゲイであるということは終身刑に処せられる可能性もある犯罪である。1999年9月、ヨウェリ・ムセベニ大統領は警察に対して公式に同性愛者を探し出し、拘禁し、起訴するように命じた。翌月、カンパラで行なわれた集会では、5人が軍や警察に逮捕された。彼らは、同性愛者だとして、不法に設置された拘禁施設や軍の兵舎、警察署などに拘禁された。全員が不起訴で釈放されたが、長い者は2週間も拘禁された。5人とも拷問を受け、うち1人は、「彼らは私の胸を蹴ったり、顔を血が出るまで殴るという拷問を加えました。私は、収容者全員で使っている、とても汚いトイレで寝かされました。そして、翌日、私は1週間、1日に2回素手でトイレ掃除をするように言われたのです」と証言した。多くのウガンダ人が逮捕を恐れて国外へ逃れた。1999年11月、ムセベニ大統領は同性愛者に対する迫害を否定した。彼は、自分の性的指向を隠してさえいれば、同性愛者でもウガンダで暮らすことができるのだと語った。
　同性愛や性転換自体が秘密にされたり、タブー視されているので、世界中で起こっているレスビアン、ゲイ、バイセクシャル、トランスジェンダーに対する拷問の全容もわかっていない。アムネスティが各大陸での多くの事例の資料を集めているように、これは世界的な問題だが、あまり公表されていない。多くの文化において同性愛は恥とみなされているので、彼らが虐待されたと声をあげても無視され、ますます疎外され、虐待を受ける。なかには、同性愛者に対する拷問があること、または、同性愛がその国に存在しているということさえ否定しようとする国もあるが、他方、道徳や宗教、イデオロギーの点から

第2章　差別──拷問の温床

メキシコのチアパス州で、レスビアン、ゲイ、バイセクシャル、トランスジェンダーに対する嫌がらせを止めるよう求めて抗議している。ここ数年、チアパスのゲイ共同体に向けられる暴力が日常化している。

同性愛者への拷問を正当化する国もある。いずれにせよ、結果的に拷問が問題にされないまま続き、一部の人びとが非常に危険な状態に置かれている。

法で定められた差別

　多くの国が同性愛を違法としている。同性愛を犯罪とすることは、異性愛者でなければ、単に合意の上で関係を持ったり、親睦のために友人と会ったり、「ゲイに見える」というだけで逮捕、拘禁される可能性があるということだ。拘禁されると、「罪」を自白させるため、また、その罪への罰として拷問・虐待が行なわれる可能性がある。ルーマニアでは同性愛が犯罪となっているために、これを理由とした拷問が長年にわたって行なわれている。1992年にチプリアン・ククはルーマニアの地方紙に交際相手を求める広告を出した。それに応じたのがマリアン・ムタスクだった。2人の若者は2カ月近く家族に2人の関係を隠しながら、一緒に暮らした。しかし、結局チプリアン・ククの家族が2人の関係を警察に通報したために、彼らは同性愛を禁じた刑法違反で逮捕され、警察の拘禁施設で拷問を受けた。チプリアン・ククは、当時のことを振り返って次のように語っている。

「私は公判前に収容される監房へ連れて行かれた……。私が房の中に入っていく前に、係官が房の秩序を保つために被拘禁者の中から選んだ班長に、同性愛者が入るからと告げた。そして班長は私に、『嫌な目に遭いたくなければ自分と性交渉を持つように』と言った。初めは抵抗したが、数回殴られ諦めた。強姦されたのはそれが初めてだったが、最後ではなかった」(*24)。

　チプリアン・ククとマリアン・ムタスクは有罪判決を受け、執行猶予つきの刑期を言い渡された。彼らを擁護する声が世界的にあがったにもかかわらず、彼らへの拷問に関してはまったく調査が行なわれなかった。マリアン・ムタスクは、この体験から立ち直ることができずに、1995年自殺した。
　マレーシアでは、「男色」が犯罪とされており、政敵を投獄するための口実として同性愛者だと告発するケースが見られる。前副首相アンワル・イブラヒムは、1998年に同性愛者だとして免職され、告発された。1998年9月、彼は独房に拘禁されているあいだに警察官から殴られた。この事件は注目を浴び、あちこちで抗議行動が起きた。その結果、2000年3月に前警察庁長官は、殴打の罪で2カ月の刑を宣告された。アンワル・イブラヒムの親しい同僚たち数名は、拷問され、彼と性的な関係を持ったと「自白」させられた。裸にされ、自分たちの同性愛行為を真似てみせるよう強要されるなどの取り扱いを受けた。二人の男性は正式な異議申し立てをしたが、逆に偽証罪で起訴されてしまった。彼らのうちの一人スクマ・ダルマワンが拷問を受けたという証言があったにもかかわらず、アンワル・イブラヒムの同性愛を問う裁判で、スクマ・ダルマワンの自白が証拠採用された。アンワル・イブラヒムとスクマ・ダルマワンの二人は、2000年8月に「男色」の罪で有罪となった。アンワル・イブラヒムは9年の刑を、スクマ・ダルマワンは6年の刑と4回の杖刑を科された。
　同性愛行為など特定の性行動への罰として、拷問・虐待に相当するような身体刑が、司法制度のなかで法によって定められている国は、他にもある。2000年4月6日のAP電によると、サウジアラビアの裁判所は9人の男性に「常軌を逸した性行動」の罪で、禁固刑と最高2,600回のむち打ちの判決を宣告した。
　これらの例が示すように、同性愛を犯罪としている法律は特定の人びとの基本的な人権を奪うだけでなく、拘禁された人に対し拷問してもよいというお墨付きをも与えている。アムネスティは、そのような法律に反対するキャン

第2章　差別──拷問の温床

©Reuters

1998年6月、イスラエルのテルアビブで行なわれた、史上初めてのゲイ・プライド・パレードで、虹色の旗を振るゲイおよびレスビアンの人びと。過去20年以上にわたって、ゲイおよびレスビアンの権利のための運動は、世界的規模に発展した。彼らは、警察官の暴虐をやめさせること、同性愛を犯罪としないこと、同性愛嫌悪意識からの暴力や差別に直面した際に平等な法的保護を保障することなどを求めてキャンペーンを展開している。

ペーンを行なっており、性的指向だけを理由に投獄されている人びとを良心の囚人と考える。

制度化された偏見

　拷問・虐待は同性愛が違法となっている国だけに限ったことではない。制度のなかに組み込まれた偏見は、レスビアン、ゲイ、バイセクシャル、トランスジェンダーが、他の理由で法律と関わることになった場合に、虐待、とくに強姦その他の性暴力の標的になる可能性があるということを示している。

　マルリ・ジョゼ・ダ・シルバとバルボーザ・ロザーナ・ラジェ・リジェロのレスビアンの二人は、1996年6月に殺人事件との関わりでブラジルのペルナンブコの市警察に逮捕された。彼女たちは二人とも、性的指向を理由とした言葉の暴力を受け、車のタイヤを切り裂いた長いむちで打たれたり、殴られたと申し立てた。その警察署の署長ともう一人の警察官は、「まともな女になれるように」とマルリに手錠をかけ、下着を脱ぐと脅しながら彼女の目の前で自分たちの男根をさすった。ロサナもマルリを強姦すると脅迫した警官たちから裸に

65

アルゼンチン

バネサ・ロレナ・レデズマは、2000年2月11日にアルゼンチンのコルドバで逮捕された。5日後に、彼女は死亡した。警察発表では「心臓麻痺」による死亡となっているが、検死結果によれば、彼女の手足、背中、肩にはひどいあざがあり、手錠をかけられたまま拷問を受けたことをうかがわせる痕跡があった。しかも実際の死亡日時と彼女を拘禁した警察の発表には1日のずれもあったようだ。バネサ・ロレナ・レデズマの処遇に対して地方当局と国家当局双方から異議申し立てがされた。

バネサ・ロレナ・レデズマ、本名ミゲル・アンヘル・レデズマは、法律上は47歳の男性で、コルドバ・トランスベスタイト（女性の男装指向者、男性の女装指向者）連合協会の積極的なメンバーだった。彼女は、バーで争いがあったときに、器物損壊罪で拘禁された。警察署で彼女は、他の囚人とは別に独居房に入れられたが、その理由は明らかに彼女を守るためではなく、他の囚人が「病気の」人間と同じ房にならないようにするためだった。報告書によると、彼女はエイズ患者で地元の病院で定期的に検診を受けていたが、検診の結果は良好だった。

レスビアン、ゲイ、トランスジェンダーは、アルゼンチン警察から嫌がらせや差別を受け続けている。地方条例により警察は、刑事犯罪の被疑者でなくても拘禁することを認められているので、これを利用して警察は頻繁にトランスベスタイト、レスビアン、ゲイ、トランスジェンダーを拘禁している。自由に拘禁できる権限が、さらに拷問・虐待を助長しているのだと懸念されている。

アルゼンチンのレスビアン、ゲイ、トランスジェンダーは残虐な、非人道的なまたは品位を傷つけるような状態で警察署に拘禁され、警官たちから殴打、性的嫌がらせ、ゆすりの被害を受け続けているという報告がある。女装指向のナディア・エチャスは、1997年12月にブエノス

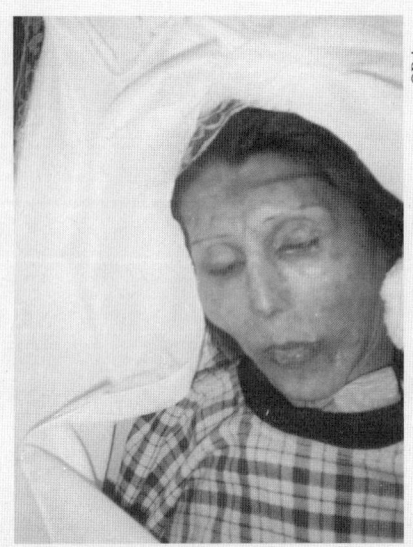

©Private

亡くなったバネサ・ロレナ・レデズマ。

アイレスの街中を歩いているところを、警官と思われる4人の男性に呼び止められた。彼らは彼女を殴り、後ろ手にして地面に押し付け、それから車に押し込んだ。彼女は、警察の第25分署へ連行され、そこで身体中を殴られ、蹴られた。痛みで叫び声をあげると、他の被拘禁者が抗議するまで彼女は拘束服を着せられた。その日、ナディアは、第23、25警察分署に拘禁されていた他のトランスベスタイトの取り扱いに関する裁判に出廷することになっていた。彼女はその日の夕方、不起訴で釈放された。

多くの被害者たちは報復を恐れ、自分たちが受けた取り扱いについて異議申し立てをしない。異議申し立てをしても当局に無視されたり、その重大性にもかかわらず、深刻に受けとられない場合が多いからだ。

第2章　差別——拷問の温床

された。警察官は彼女の髪を引っ張り、彼女の目の前でも自分の男根をさすった。留置場に入った後、彼女たちがけがをしていることに職員も気づいたが、彼女たちは、治療を受けることになれば自分たちを拷問した警察官たちが付き添って来ることになるので、それを拒否した。拷問の疑惑の全容を解明するよう要望するキャンペーンが全国的に行なわれたが、今日までこの事件に関係した警察官たちに対して何の調査、処分もなされていない。

投獄されているレズビアン、ゲイ、バイセクシャル、トランスジェンダーの多くは、自分たちが刑務所内の階層社会で最底辺に置かれていると感じている。ジャマイカでは、1997年8月のセント・キャサリン地区刑務所およびキングストン総合刑務所での反ゲイを掲げる攻撃で16人の囚人が殺され、40人がけがをした。その暴動は、更生委員会が、エイズが広がらないよう看守や囚人にコンドームを配布するつもりだと発表した後に起こった。看守たちは、自分たちが囚人と同性愛関係を持っていると言われているようだと抗議して、職場放棄をした（ジャマイカでは、同性同士で性的関係を持つのは違法である）。囚人たちは、ゲイだと思われる囚人を狙って暴れ回った。刑務所当局に対しては何の措置も取られなかった模様である。

バネサ・ロデナ・レデズマが拘禁中に死亡したことについて、中央警察署の外で抗議行動をする女装／男装指向のグループ。

©Voz del Interior/Ramiro Pereyra

拷問・虐待は、刑務所や警察の拘禁施設に限ったことではない。虐待は、バーやその他人びとが集まる場所を警察が手入れする際にも起こることがある。ペルーの人権擁護活動家レベッカ・セビーヤは、1994年にリマのバーやクラブを警察が手入れした時のことを振り返って「首都リマでの手入れは非常に暴力的でした。約75人のレズビアンが警察に殴られ、虐待されました。売春婦たちも監獄ではひどい目に遭いますが、レズビアンへの対応はもっとひどいものでした。いくら売春が品位を傷つける行為であっても、この国ではまだ正常な行動と考えられていますが、女性同士の同性愛は、現体制を脅かすあまりにも危険なものと捉えられている

ために、レズビアンの人たちはひどく殴られるのです」と述べている。これより後にペルー警察がリマにあるゲイやレズビアンが集まるバーを一斉捜査したときにも、同性愛者が殴打されたり、なじられたりした。

　虐待は、街中でのデモの際にも起こる可能性がある。米国では、1998年10月にレズビアンやゲイの権利擁護活動家が組織した集会に参加していた非暴力のデモ参加者を、ニューヨーク警察が虐待したと報告されている。デモの最中とその後のデモ参加者への身体的虐待や同性愛者を侮辱する発言など、70の事実に関して正式に異議申し立てがなされた。その集会自体も、1998年にワイオミング州で、ゲイだという理由でマチュー・シェパードという学生が殴打されて殺害されたことへの抗議集会だった。この事件で、性的指向や性同一性を理由として、どのような暴力が人びとにふるわれているかということに世界が注目するようになった。

　拷問やその他の人権侵害に対する有効な防衛策や対処法がないので、レズビアン、ゲイ、バイセクシャル、トランスジェンダーは身の安全を求めて国外へ逃れることを余儀なくされている。1992年に、性的指向を理由に警察から拷問されたアルゼンチン人のゲイの男性が、カナダで難民認定されてから、同様の理由で難民認定する国が増えている。しかしながら、難民としての保護を求める多くの人びとは、自分の要求が妥当なものであることを示す証拠をなかなか示せずにいる。それは、彼らの国で性的指向を理由に迫害がどのように行なわれているかを示す資料を、人権団体やその他の信頼できる情報筋も十分に持っていないからである。また、自分の性的指向について移民管理当局におおっぴらに話すのを嫌がる人もいる。例えば、難民としての保護を求めて米国へ来たホンジュラスのF.C（イニシャル）は、移民収容施設の他の被収容者が自分の性的指向を知ったら、自分に対して暴力を加えるのではないかと恐れて、本国で受けた虐待の重要な部分を省略して説明したために、難民申請を却下された。

人権擁護活動家

　過去20年間にレズビアンおよびゲイの権利獲得のための全国的な運動が、世界のあちこちで起こった。これらの運動の目的は、警察の暴力や同性愛への差別をやめさせること、同性愛者への嫌悪意識に根ざす暴力と差別に直面し

第2章　差別——拷問の温床

©AI/Nicky Warden

1997年、フランスのパリでのプライド・パレードで、アムネスティ会員が、警察の暴虐を含むゲイおよびレスビアンに対する人権侵害に注意を喚起するポスターを持っている。

たときに、平等な法的保護を受けられるようにすることである。しかしながら、近年このような運動が活発に行なわれるようになったために、かえって人権擁護活動家たちが攻撃される事態も起きている。

ジンバブエでは、人権団体「ジンバブエのゲイとレスビアンたち」のメンバーが、親政府勢力から脅迫、襲撃されたにもかかわらず、警察から保護してもらえなかった。一方で、ジンバブエのムガベ大統領はレスビアンやゲイに対する憎悪の演説を繰りかえし、彼らは「人間以下、豚より低等」だと公言した。

レスビアンやゲイを擁護する人びとが危険な目に遭っているということは、国連の人権高等弁務官も認めている。

「私たちは、特定の人権擁護活動家たちが、彼らが守ろうとしている人権の性質上、他の活動家たちよりも危険な状態に置かれているということを認識しなければならない。とくに性、とりわけ性的指向や生殖の権利に関する問題の場合、事態は深刻である」。
（2000年6月の国連総会"北京＋5"会議における、国連人権高等弁務官メアリー・ロビンソンの発言）

今回の拷問廃止キャンペーンで、アムネスティは性同一性に根ざした拷問・虐待の実態を解明し、レスビアン、ゲイ、バイセクシャル、トランスジェンダーの権利を守るためには何をしなければならないかについて人びとの意識を高めることを目指している。

子どもへの拷問

1997年3月、10歳から12歳の3人がトルコのイスタンブールのごみ捨て場でくず鉄を集めていて逮捕された。テープレコーダーを盗んだ罪でキュチュクチェクメジェ警察署へ連行され、32時間独居房に収容された。彼らの証言によ

英国の少年拘禁施設の懲罰房。懲罰の手段として少年たちに対して独房を使用することは、自由を奪われた少年の保護のための国連規則で禁じられている。

ると彼らは下着姿にされ、トイレに監禁された。そこでは、警官たちが彼らに向けて放尿したり、人糞の上に彼らを横たわらせたりした。泥棒をしたと自白させるために、電気ショックか殴打か「選ぶ」ように言われ、結局、彼らは両方の被害をこうむった。また、性暴力も受けたとのことである。医師の診断書には、大きなあざや電気ショックによるやけどの痕があると記載されており、彼らの証言と一致する。

　子どもは、拷問・虐待を受けないよう、とくに保護される権利を有している。まだ若く経験も少ない彼らはとても傷つきやすい存在である。独居房での拘禁のような処遇は、大人よりも子どもにずっと深刻な影響を与える可能性がある。したがって、子どもを守るためには特別な保護策が必要で、そのことが様々な国際基準で定められている(*25)。

　しかし、現実には子どもは拷問の危険から保護されていない。1997年以降、世界の50ヵ国以上で、公務員によって子どもたちが拷問・虐待されたという報告がある。

　多くの場合は、大人によって大人のために作られた刑事司法制度のなかで取り扱われるために、とくに子どもたち固有に必要とされる事柄が見落とさ

第2章　差別——拷問の温床

れており、その結果、拷問・虐待の犠牲となっている。しかし、なかには、彼らの年齢や、彼らが大人に依存しているということを利用して、故意に拷問・虐待の標的にしていることもある。両親を脅迫する、あるいは処罰するといって拷問されるのだ。ストリートチルドレンは、好き放題に扱って犠牲にしてよいし、拘禁中の子どもたちは虐待のいい餌食だと考えられているところもある。武力紛争下で子どもたちが人権侵害を受けるのは、子どもたちが敵の将来であるからにほかならない。

法に抵触した子どもたち

　通りに住むことを余儀なくされた子どもたちはとくに、恣意的逮捕や虐待を受けやすい。多くは、物乞いや軽犯罪、売春などで生計を立てており、そのために警察の目が彼らに向きやすい。ストリートチルドレンは、「社会浄化」キャンペーンの被害者になることがある。このキャンペーンは、地元の実業家たちが資金を出して、ストリートチルドレンを街から追い出したり襲ったり、殺害させたりするものである。また、極貧状態での生活、不定住、物乞いが法律で犯罪とされるために拘禁され、虐待を受ける子どもたちもいる。

　1999年2月のある夜、グアテマラ市の公園で寝ていた15歳のロレナ・カスメン・エルナンデス・カランサとネリィ・マテオ・エルナンデスの二人のストリートチルドレンは、グアテマラ国家警察の警察官に蹴られて目が覚めた。二人が強盗を働き、人を刺したと疑われたのだ。武器を探すために、その警察官は彼女たち二人を地面に投げつけ、服を脱ぐように言った。彼はロレナに性的虐待を加え、また戻ってくると言い残して去って行った。二人は、「同盟の家」というNGOの助けで正式に異議申し立てをしたが、2000年半ば現在、その警察官は起訴されていない。

　警察に拘禁される子どもたちは、とくに警察官や他の被拘禁者から強姦や性的虐待を受けやすい。スーダンのハルツーム郊外にある国内避難民用のキャンプで暮らしていた11歳のN.J（イニシャル）は、1999年5月、彼女を住所不定の子どもと誤解した4人の警官によっ

©Tina Gue/Panos Pictures

インドネシア、ジャカルタの少年拘禁施設の若い囚人。

て拘禁された。彼女は警察署へ連行され、そこで一人の警官が他の3人の前で彼女を裸にし、強姦したと報告されている。その後、その警官は、マラリアと髄膜炎に苦しんで倒れていたと偽って、彼女を病院へ連れて行った。医者たちは、5日間マラリアの治療をした後で、彼女が強姦されていることに気づいた。その警官たちを訴追するための手続きは始まったが、進展はないようである。

拘禁中の未成年の女性たちにとくに必要とされることについてはほとんど考慮されることがない。国によっては未成年の女性の犯罪者の数が比較的少ないために、専用の拘禁施設を設置する必要がないと主張する当局者もいる。その結果、彼女たちは、家族から遠く引き離されて、男性や成人と一緒に拘禁されることになり、さらに危険にさらされることになる。

多くの国の少年拘禁施設では、収容されている子どもたちの健康と安全がきちんと考えられているとは言えない。米国では、こうした施設の職員が、収容中の子どもを殴る蹴る、手錠をかける、化学薬品のスプレーをかけたり、電気ショックを与えたりもしている。たとえば司法省の調査で、ケンタッキー州のある郡の拘禁施設では、職員が協力的でない子どもたちを統制し、子どもの収容者同士のけんかをやめさせるためにスタンガンや催涙スプレーを日常的に使用していることがわかった。そこに拘禁された子どもたちは、職員に殴られたことを報告している。

ブラジルのサンパウロでは、少年拘禁施設が非常に過密状態で、1999年9月には暴動が起きた。テレビで、少年たちを殴る覆面看守や、状況を知りたいと心配しながら刑務所の外で待っている親族に対して機動隊がゴム弾を発射する様子が放送されたため、民衆の激しい抗議行動が起きた。長年放置されてきたので、少年犯罪者の拘禁施設の状態はひどいものである。少年たちはコンクリートの床の上に置かれた汚いマットレス1枚に2、3人で寝ている。房は非常に過密状態で、座ったままの状態で寝なければならない者も多い。夜はトイレへ行くことが許されていないので、マットレスは尿で汚れていて、ほとんどの子どもが皮膚病にかかっている。毎晩、こん棒や鉄棒で殴られるなどの暴力が、看守によって繰りかえされていると報告されている。

紛争下の子どもたち

紛争下では、一般市民を処罰したり、脅す目的で拷問が行なわれる。紛争地

第2章　差別──拷問の温床

域に住んでいたこと、標的となった集団に属していたことなどを理由に、また本人やその家族の携わっていた活動が原因で、多くの子どもが拷問されている。さらに、紛争下の子どもたちは、人の死や破壊活動を見たことがトラウマになることがよくある。

　本人や親族が反政府武装勢力と関わりがあるという疑いを持たれて拘禁された子どもたちは、自白の強要やその他の情報を得る目的で拷問されている。イスラエル占領下の南レバノンにあるキアム拘禁センターに収容されている何百人もの人びとのなかには子どもたちも含まれていた。この施設は、南レバノン軍（SLA）がイスラエル防衛軍と協力して運営していたが、2000年に閉鎖された。起訴もないのに拘禁され、しかも弁護士との接触が許されない状態で、被拘禁者たちは日常的に拷問・虐待されてきた。16歳のファティマ・ジャアファルは、1999年10月にSLAの第17拘禁施設に一晩拘禁された。尋問の最中に彼女は頭を殴られ、翌日頭蓋骨を骨折し、記憶喪失状態になり入院した。彼女の釈放後にも、今度は両親がSLAに逮捕され、一晩拘禁されたという報告がある。

©Chris Steele-Perkins/Magnum Photos

1997年。ウガンダで、神の抵抗軍（LRA）によって誘拐された未成年の女性たちがカウンセリングを受けている。

シエラレオネ

現在16歳のマビンティ(仮名)は反乱軍に誘拐され、繰りかえし強姦されて妊娠した。1999年1月に反乱軍が首都フリータウンから退却する途中で、マママーの村を攻撃したときに彼女の苦難は始まった。彼女の両親は襲撃の際に殺害され、マビンティは反乱軍に捕らえられ、ルンサルから北部のマケニへと連れて行かれた。「たくさんの反乱軍兵士たちが何回も私を強姦しました。拒むと食べ物ももらえず、殴られ、最後には無理やり一人の兵士の"妻"にされました。他の女の子たちも同じ目に遭いました」。

妊娠すると彼女は自分の村に連れ戻され、置き去りにされた。その後間もない2000年5月に、彼女の村は再び反乱軍に襲われ、彼女は祖母とともに逃げることになった。彼女たちは国内避難民用のキャンプに到着するまで40キロも歩かなければならなかった。

反乱軍によって腕を切断された子ども。
1999年1月、フリータウン。

同国では9年におよぶ内戦で、反乱軍が一般市民に対して殺害、誘拐、四肢切断、強姦などの残虐行為を組織的に行なっている。政府や政府軍と共同歩調を取っている陣営も残虐行為を行なっている。強姦やその他の性的虐待の規模は前例を見ない。この内戦中に誘拐された女性たちの90パーセント以上が強姦されている。1999年1月に反乱軍がフリータウンを攻撃したときに4,000人以上の子どもたちが行方不明になったと言われている。1年経っても、そのうちの2,000人は行方不明のままで、誘拐されたと考えられている。そのうちのほとんどが女性である。何千人もが殺害され、何百人もが四肢切断を受けている。

政府と反乱軍の革命統一戦線(RUF)との間で、1999年7月に平和協定が調印され、その後しばらくは人権侵害の規模は縮小した。しかしながら、この協定の調印で、1991年から1999年7月までの内戦中に、何千人もの女性への強姦、何千もの男性、女性、子どもの意図的殺害や四肢切断、そして数え切れないほどの深刻な人権侵害があったにもかかわらず、その責任者には一律に恩赦を与えることになってしまった。平和協定の調印で釈放されるはずの多くの一般市民も、いまだに捕らえられたままになっている。

以前と変わらない人権侵害が、一般市民に対して再び繰りかえされた。1999年10月以来、反乱軍による殺害、四肢切断、強姦、誘拐がしばしば報告されている。2000年5月初めに反乱軍が国連平和維持軍の隊員を500人余り捕らえ、その後戦闘が再開されたため、民間人の人権が侵害される恐れが高まっている。1999年7月以降の人権侵害には、平和協定によって与えられる恩赦は適用されない。しかし、責任を問われることなく人権侵害があちこちで起こっているのが現状である。

第2章　差別——拷問の温床

　インドのマニプル州では、子どもたち、とくに男の子どもたちが、彼らを反政府武装勢力の支持者や将来のメンバーだと考える兵士の標的にされている。軍特別権限法のもと、治安部隊は虐待しても実際には起訴を免れている。1998年2月、兵士が15歳の学生ユムレムバム・サナマチャと他の2人を逮捕し、軍のジープで連れ去った。翌日釈放された2人は、ユムレムバムが近くの軍のキャンプへ連れて行かれる途中に、軍の人間に拷問されているのを見たと証言した。それ以降ユムレムバムの姿を見た者はおらず、軍は彼の「失踪」に関する独立機関による調査を妨害している。

　武装勢力、反政府武装勢力の両方が、子どもたちを兵士として利用している。現在、30カ国以上の紛争地域で30万人以上の子どもたちが兵士にさせられている。これらの子どもたちの多くは誘拐され、拷問・虐待や、本人や家族へ危害を加えるという脅迫を受け、無理やり仲間に入れられている。ウガンダ北部では、何千人もの少年（男女を問わず）が神の抵抗軍（LRA）に誘拐され、ウガンダ軍との戦闘に参加させられている。これらの子どもたちは、暴力によって統治されている。LRAの指揮官たちは、子どもたちを捕らえるとすぐに殺害に加担させる。これは明らかに子どもたちの反抗心を弱め、殺害に対する罪悪感を喪失させ、犯罪行為に加担したという既成事実を作る意図があると思われる。誘拐された子どもたちはLRA指揮官たちの所有物となり、彼女たちは指揮官たちと無理やり結婚させられ、事実上の性の奴隷とされる。子どもたちは全員戦地に送られる。15歳のある女性はアムネスティに対して「どうか全力を尽くして私たち子どもに起こっていることを世界の人びとへ伝えて下さい。他の子どもたちが私たちと同じような目に遭わなくて済むように」と告げた。彼女は何とか逃げ出すことができたが、その前に一人の子どもの殺害を強要され、また別の子どもがめった切りにされるのを目撃していた。LRAの手から逃げ出すことができても、彼らはめちゃくちゃにされた生活を立て直すのにたいへんな苦労を強いられることになる。ほとんどの子どもたちが性病に罹っており、彼女たちへの社会的、身体的な打撃はとくに大きい。

　最近採択された子どもの権利条約の選択議定書は、武装勢力への参加や戦争へ参加の最低年齢を18歳と定めた。アムネスティは、18歳未満の子ども兵士を利用することに反対し、各国にこの新しい条約を批准し、実行に移すよう求めている。

WE
ILL NO
OLERATE
UMAN
INJUSTI
OR
MACOU
RESSED IN
STOP
POLICE
BRUTAL
JUSTICE
FOR
LOUIMA,
CEDEANO
AN MA
of Queens
4443
HUMA

第3章　免責——拷問廃止への最大関門

「彼は、『お前の身に起こったことについて誰かに話をしようものなら、お前とお前の家族全員を殺す』と言いました」。（ジャスティン・ボルピー警察官の責任を問う裁判でのアブナー・ルイーマの証言から）

　1999年5月、米国在住のハイチ移民、アブナー・ルイーマは、ニューヨーク連邦下級裁判所の証言台に立ち、ブルックリン警察署で拷問されたときの様子を説明した。彼は、1997年8月、ナイトクラブの外で起きたけんかの後、ニューヨーク市警本部の警察官によって逮捕された。警察署内で、彼は手錠をかけられたままトイレに連れて行かれ、そこで殴られ、床に投げ飛ばされ押さえ付けられた。そのとき一人の警察官、ジャスティン・ボルピーが、折れたほうきの柄を彼の直腸に思いっきり押し込んだ。彼が苦痛に叫び声を上げながら倒れると、ボルピー警察官は、今度は同じほうきを彼の口のなかに突っ込んだ。ルイーマは、大腸穿孔、膀胱破裂を含む重傷を体内に負い、2カ月入院した。

　これは、アムネスティが近年記録している米国の警察による多くの暴虐行為事件のうちの一つである。多くの点で、アブナー・ルイーマの事件は典型的である。すなわち、被害者は黒人であり、些細な事件で逮捕されており、その事件の取り扱いが人種に関する動機に基づいていると考えられる点である。

　しかし、この事件がその他の多くの事件と一線を画する側面は、責任を負うべき警察官が最終的に法に基づいて処罰されたということである。ニューヨーク市警本部の暴虐行為に関する告訴が有罪判決を受けたのはまれなことであり、彼を拷問した警察官たちに関するルイーマの告訴も、当初は他の事件と同じく勝ち目のないものに見えた。警察官たちは、ルイーマのけがは別の男性との性交によるものだと主張して、訴えを否定した。彼らは、手の込んだ嘘で自分たちの関与を隠そうとしたのである。多くの拷問・虐待事件において、直接の目撃者は唯一、そこに居合わせた他の警察官たちだけである。世界中で、警察官が同僚の警察官に関して不利な証言を拒み、これによって責任者の裁判

1997年8月に、ブルックリン警察署で警察官によって拷問され、重症を負ったアブナー・ルイーマの事件について、公正な裁判を求めて抗議する人びと。
人種的・民族的少数者は、
人口比に照らして
異常とも言えるほど多くの人びとが
米国の各地域で警察官から
被害を受けている。
黒人警察官自身からも、黒人を見ると犯罪被疑者と考えるステレオタイプがあるという主張がある。

は分厚い障壁にはばまれている。

　ところが1999年半ば、免責の壁にひびを入れる、まれにみる画期的な変化が生じた。一人また一人と、その夜、署にいた数人の警察官が被告の警察官に不利な証言をするために進み出たのである。彼らが最終的に、これまで処罰を回避させてきた「沈黙の掟」を破ったのは、政府が派遣した調査官たちの圧力があったからにほかならない。

　ジャスティン・ボルピー警官が便のついたほうきの柄を自慢げに振り回していたという目撃証言など、同僚警官が証言をした直後に、彼は自分の罪を認めた。1999年12月、彼は懲役30年の実刑判決を受けた。また他の3人の警官には、同事件の隠ぺいを共謀したことで、2000年3月、有罪の判決が下された。さらに他の3人は、虚偽の陳述を行なったことで起訴された。

　アブナー・ルイーマのために責任者の処罰を求めていた運動家たちは、この有罪判決を確実なものにした第2の決定的な要因を指摘している。すなわちそれは、重傷を裏付ける文書の存在である。医療面の証拠は、彼の拷問の申し立てを証明し、被告側から提出された釈明文に対し異議を唱えるのに役立った。

　第3の要因は、この事件に対する人びとの怒りである。これなくしてルイーマが受けた拷問は、決して法のもとで裁かれることはなかったであろう。警察の暴虐行為に反対するデモが何度も行なわれ、人種差別反対派や人権活動家たちに加えて、数千人の地元住民が参加した。強硬な犯罪撲滅政策が警察による虐待を助長しているとして、活動家に批判されているニューヨーク市長ルドルフ・ジュリアーニもまた、ルイーマに対する「咎められるべき」暴行に対して抗議の声をあげ、責任者に対して「最も重い処罰」を求めた。

「今日のこの判決が、誰も法を超えることはできない、という明白なメッセージとなることを期待している」。(アブナー・ルイーマ、1999年12月のジャスティン・ボルピーの判決にあたって)

免責——世界規模で対処すべき問題

　多くの国ぐにで、拷問に対する免責が蔓延している。各国は、拷問の責任者を裁判にかけることを怠っている。アブナー・ルイーマの事件が示しているよ

うに、拷問の被疑者を告発して起訴に持ち込むには、通常は特別な状況の組み合わせが必要とされる。正義が守られるか否かは、メディアの関心、あるいは人びとの怒りの度合い、証拠の明白性、独立した徹底的な調査を遂行し得る司法の力量によると思われる。ところが、多くの拷問の被害者が、実際の拷問が終わった後に経験するものは、正義ではなくさらなる虐待と脅迫なのである。

拷問は、人権侵害のなかで最も秘密裏に行なわれる行為の一つである。通常、一般の監視から隠れた場所で行なわれ、拷問加害者の起訴や有罪判決にとって不可欠な証拠を隠そうと手を尽くす。拷問の事実について調査が行なわれたとしても、調査機関自体の怠慢や無力から、あるいは加害者と通じているために調査が進まないことがよくある。

拷問を受けたとの申し立てがあった場合でさえ、結局起訴された警察官のうちのほんの一部が有罪判決を受けるだけである。例えばトルコでは、公式発表では、1995年から1999年のあいだに起きた拷問で起訴された治安部隊員577人について行なわれた調査は、10件の有罪判決にしか結びつかなかった。拷問禁止委員会によると、拷問が蔓延しているメキシコでは、1990年6月から1996年5月のあいだに、「拷問を防止し処罰するための連邦法」に基づく有罪判決はわずか2件、拷問による殺人については5件に過ぎない。

明らかに、世界中の多くの拷問犠牲者にとって、正義が守られないことがむしろ当たり前になっている。このように、責任が追及されないことが慢性化すると、潜在的な犯罪者が、自分たちは逮捕や起訴されたりあるいは刑罰を受けたりすることは決してないと考え、拷問・虐待が続けられる状況をますます助長することになる。

免責は、まさに、拷問者たちは罪に問われないというメッセージを送っているようなものだ。犯罪者を法で裁くということは、彼らに犯罪を繰りかえさせないばかりか、当事者でない人びと対しても拷問・虐待が許されることではないということをはっきりと示すことにもなる。しかし、法を守る責任のある機関が、内部の人間に対しても日常的に法をないがしろにすれば、それらの機関が刑事司法制度全体を蝕むことになる。免責に対抗することは、この組織的な腐敗の、まさに心臓部を直撃することを意味する。

免責は決して許されてはならない。なぜなら、被害者への正義を阻み、二重に彼らの権利を奪っているからだ。真相の究明とそれを知る権利、正義が遂行

インド

アンガマールとグルビアーの夫妻は、1998年7月、盗品を譲り受けたとの容疑で逮捕された。その日の早朝、警察官はタミル・ナードゥ州のマドゥライ地区に住む夫婦の自宅を襲撃し、アンガマールが一人でいるところを発見した。警察官は彼女を地元警察署に連行し、その後オーメチクラム署に移した。そこで彼女は後ろ手に縛られたまま一晩を過ごさなければならなかった。グルビアーは翌朝逮捕された。二人は盗品の受け取りについては何も知らないと述べていた。

アンガマール

尋問は7月28日に始まった。警官たちは夫妻を後ろ手に縛り、壁側に向かせて、ラティ(長い木の棒)で背中と尻を打った。

夫妻はさらにまた別の警察署に移送され、そこで服を脱ぐよう命令された。二人は鎖につながれたまま外に連れ出され、グルビアーは失神するまで殴られた。

署内に戻ってからも、夫婦は建物の屋根から吊るされ殴られた。アンガマールが降ろされ、床に投げ出されたときも、まだ裸のままであった。グルビアーは、自供して盗まれた宝石類を隠した場所を白状しなければ、アンガマールが目の前で「汚される」だろうと告げられた。

アンガマールは胸に噛み付かれ、性器を蹴飛ばされた。グルビアーが屋根から降ろされると、夫婦は数人の警官の前で性交のまねを強要された。

グルビアーは別の警察署に連行された。そこでも彼は警官に殴られ、目にとうがらし粉を入れられ、手の爪、足の爪、舌を釘で打ち抜かれた。

1998年8月2日、夫婦は副警察署長のところに連れていかれた。副署長は、二人の状態を見て大きなショックを受け、私立病院にすぐ入院させるよう命令した。グルビアーはその夜遅く、けががもとで死亡した。アンガマールは翌日政府の病院に移され、そこに2週間入院した。

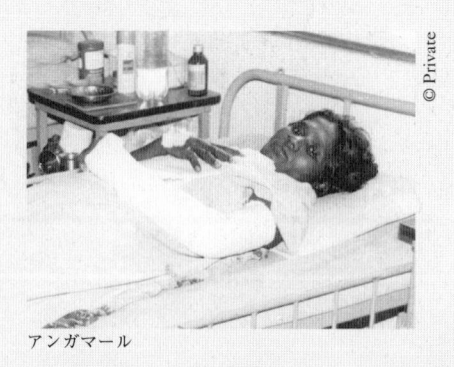

逮捕から2年以上たった今も、アンガマールは拘禁中に起きたことによる精神的肉体的苦痛に悩まされ続けている。

アンガマールは、夫の死に責任のある警察官たちを起訴するべく、裁判所を通じて事件を今も追及している。調査を地元警察の手から引き上げ、犯罪捜査局刑事部の犯罪部門に委ねられるべきであるとの要求を含め、いくつかの申し立てが、タミル・ナードゥ高等裁判所で未決のままである。アンガマールは、国家人権委員会に不服申し立てをしているが、同委員会は今のところ回答をしていない。

アンガマールに口止めしようとしたり、この事件を公にしないよう彼女を脅そうとしたりする者がいる。1998年8月、彼女は、夫の死に関する調査を行なっていた下級審の司法官と話をしないことに同意すれば40万ルピー(9,000米ドル)渡すという申し出を受けた。彼女はこの申し出を拒否し、すべてを司法官に話した。1999年1月、アンガマールに、タミル・ナードゥ州政府からグルビアーの死に対する賠償金として20万ルピー(4,600米ドル)が支払われた。

第3章　免責──拷問廃止への最大関門

されるのを見届ける権利、実効性のある救済措置と補償を受ける権利を被害者とその親族から奪うという点で、免責そのものがすでに重層的な人権侵害と見なすことができる。つまり、免責は、まず被害の発生を否定することで被害を拡大させ、さらに被害者の尊厳と人間性を公然と侮辱するのだ。

国際社会はこれまでの努力によって、拷問を摘発したり、拷問から保護するための法的枠組みを強化することに成功してきた。拷問等禁止条約が謳っているように、国家には、拷問の事実を調査し、責任者を裁判にかけ処罰し、犠牲者に対して賠償を行なうことなど、免責を許さない取り組みに不可欠なあらゆる措置を講じる責務がある。この責務は、国際慣習法の規則の一つであり、その国家が拷問等禁止条約を批准しているか否かにかかわらず効力を持つことがますます認知されてきている。

ところが、その規則はもっぱら例外的にしか守られていない。拷問等禁止条約の採択以後でも、拷問を受けた上に加害者が免責されているという状況では、数千人の拷問被害者にとって、この規則は絵に描いた餅に終わる。今日の拷問との闘いは、この原則を実践に移すことに重点を置かなければならない。

正義への障害物

免責は様ざまな形をとる。免責に対して効果的な行動を起こすためには、そのもとになっている多様な要因をつきとめる必要がある。これらの要因は国によっても様ざまである。免責は、裁判手続きの前後あるいは裁判中のどんな段階でも起こりうる。免責のからくりは、拷問そのものが行なわれる前に働き出すことさえある。

免責の代表的な要因としては、以下のような点が考えられる。

証拠を隠滅する

警察官が自分の身分を明かさなかったり、被拘禁者を正式に登録しなかったり、被拘禁者に目隠しをしたり、秘密の拘禁施設に閉じ込めたり、弁護士、親族あるいは医者への連絡を許さなかったりなど、不法に人びとを拘禁している。加害者としての痕跡を覆い隠すことによって、免責を助長する。拷問者たちは、覆いをかぶせ、心理的な拷問を行なうなど、物理的な痕跡がほとんど残らない方法をとることがある。拷問に関与した警察官自身が、拷問を行なった

後、証拠を隠すことによって自分たちの犯罪を隠蔽しようとすることがある。例えば、医療面の証拠が隠されたり、医師に対して報告書を偽造するよう働きかけたり、その一方で、まじめに任務を遂行する人びとに対して嫌がらせをしたり、容疑をかけて起訴したりすることさえある。

被害者が救済措置を使うことが非常に難しい

　ときに、すでに恐怖におびえている被害者が、事件について沈黙するよう脅迫されることがある。申し立てをする人びとが脅迫されたり、襲われたり、名誉毀損などで逆に告訴されたりすることがある。貧しく社会的に低い階層の被害者は、往々にして弁護士やNGOの支援を求めることができない。法的救済措置が存在することすら知らないこともあり得る。個人が民事訴訟を起こす、訴訟で出た判決を実行に移すよう強く働きかける、拷問の加害者であると申し立てられた者に対する刑事裁判手続きを要求する、といったことができない状況においては、法律は極めて限られた範囲の救済しか提供できない。

調査に効果を期待できない

　人権侵害の責任者が属している組織自体が拷問の調査を行なうことがある。独立性と公平性を欠く軍事法廷の裁判権のもとで拷問が調査されれば、正義は否定される。独立した検察官や裁判官であっても、申し立てに対して、徹底的にかつ熱心に適切な処置を取ろうとしないこともある。なかには、彼らが指揮権を行使する権限を持たないか、警察の行動を抑えることができない場合もある。裁判過程での政治的介入によって拷問を行なったとされる人物を起訴しない決定がもたらされることもある。行政監察官や国家人権委員会のように、確実に正義を守る責任を持つ機関が、免責と有効に戦うために必要な権限や人的財政的資源を与えられていないという場合もある。

　例えばメキシコでは、司法長官事務所が人権侵害の申し立てを調査する一方で、そのような人権侵害を実行したとして起訴されている者の多くを事務所自体が雇用しているという矛盾を抱えている。米州人権委員会は、メキシコ政府に司法長官事務所の自律性と独立性を強化するよう求めている。

同僚警察官の共謀

　多くの国の警察で「沈黙の掟」が働いている。これがあることによって、警察官たちは、拷問で起訴されている同僚にとって不利になる重要証拠を提出することを躊躇している。その結果が最も露骨な不正につながることもある。例

第3章 免責──拷問廃止への最大関門

えばスペインでは、1995年にブラジル人女性を強姦し、暴行を加えた疑いで起訴された3人の警察官の釈放を地方裁判所が認めざるを得なかったことに対し、最高裁判所は1999年4月にこれを痛烈に批判する判断を示した。

旅行代理業者のリタ・マルガレテ・Rは、ある日の深夜、ビルバオでタクシーを待っているところを逮捕された。警察は、彼女が売春婦だと思い込んだと思われる。地方裁判所は彼女が強姦されたことは認めたが、証拠不十分で警察官たちを無罪とした。関与した者たちに不利な証言をしようとした同僚警察官は一人もいなかった。報道によれば、最高裁判所は、「きわめて重大で明らかな強姦事件」が、旧態依然とした団体主義的な考え方、あるいはまちがった仲間意識から処罰されないのは、法の民主主義原則と相容れないと述べた。

拷問を処罰する法的枠組みが不十分である

拷問等禁止条約あるいは他の関連する国際基準に沿うように、国内法によって拷問を禁止できない国もある。拷問が犯罪として明確に規定されず、「暴行」などの犯罪に対する刑罰も軽いことが多い。拷問が犯罪として法で規定されている国でも、それがあまりにも狭く定義されていたり解釈されたりしている場合がある。例えば中国では、「自白を強要するための拷問」「暴力による証言の強要」「囚人の虐待」といった犯罪は、ある状況において限られた階級の警察官にしか適用されず、国連の諸条約が規定する他の多くの拷問・虐待行為が除外されている。2000年5月、拷問禁止委員会は、中国に対するアムネスティの刑法改正要求に共鳴した。

国によっては、法的枠組みに、その他にも免責の一因となり得る多くの欠陥がある。被告人が単に命令に従っただけだと弁解して有罪判決を免れることもある。拷問等禁止条約のなかではこうした抗弁は明確に禁じられている。また、拷問行為を命令したり容認したことに責任のある上官が刑法上罰せられない場合もある。例え適切な法律が存在していても、拷問の加害者である警察官が行なった犯罪より軽い罪で有罪とされるに過ぎないか、起訴の段階で、その犯罪を構成するすべての行為について起訴されないこともあり得る。

疑いの余地なく被疑者の有罪を認定するに十分で確かな証拠があるにもかかわらず、裁判所が有罪判決を出さない場合がある。仮に有罪判決が確保されても、その判決が犯罪の重大さと著しく不釣り合いなものであれば、免責が保証されているに等しい。

イスラエルとその占領地域

「尋問官のひとりは、3度にわたり、私に付けられていた足かせをつかんで床の上をひきずった。もうひとりの尋問官は私にひざ蹴りを食らわせ、ろっ骨が1本折れた」
　　　　　　　　　　　（オマール・ガニマット）

「……行使された手段は……正当な尋問手続きに従っていた……」　　（警察違法行為調査局）

"シャベー"と呼ばれる拷問方法を示す図。

　パレスチナ人、オマール・ガニマットは、イスラエル人尋問官たちに、拘禁施設を出る頃には「狂っているか、まったく無力になって」いるだろうと言われた。彼は"シャベー"（イラスト参照）で目隠しをされたまま、尋問の最初、48時間を過ごした。その後の何週間か彼はたびたび堪え難いほどの痛みをともなう姿勢を強いられた。例えば、長時間"ガムバス"すなわちカエル座りを強いられた。尋問官たちは、指の血が止まるくらいきつく彼の手を縛り上げた。また、大音響の音楽を聞かせたり冷気を浴びせたりして毎日のように彼から睡眠を奪った。

　オマールは健康を害し、これは一生治らないものであるにもかかわらず、イスラエル当局は、彼の取り扱いは、認められている手続きを逸脱するものではなかったと結論づけた。

　オマールは、1997年4月10日、イスラエル兵士とイスラエル一般治安局（GSS）のメンバーによって、ヘブロンのシュリフにある自宅で逮捕された。彼はエルサレム警察地区本部に連行された。そこでGSS局員たちに繰りかえし尋問され、イスラエルとの和平交渉に反対するイスラム武装勢力ハマスの一派であるイザディン・アルカッサム（カッサム隊）に属しているとの疑いをかけられた。

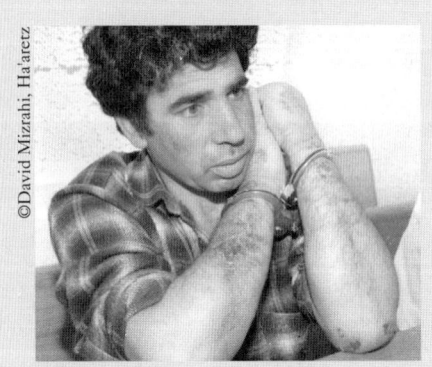

　オマールの弁護士アレグラ・パチェコは、1997年5月下旬、警察本部を初めて訪問した。彼女はすぐに拷問を中止するよう高等裁判所に請願書を提出した。オマールが審問に出廷したところ、彼のけがは一目でわかるほどひどいものであった。高等裁判所は警察違法行為調査局に対し、この事件を調査するよう命じたが、調査局はその後、「請願者に対して行使された手段は、正当な尋問手続きに従ったものであり、正式に権限のある者の承認を受けたものである」と結論づけた。さらに尋問官に対していかなる訴訟も起こすべきでないと勧告した。

　1997年7月、オマールが釈放されたときには、体重が17キロも減っていた。彼は、椅子に座ることができず、ひじから下の感覚を失っていた。1997年11月、彼は"ガムバズ"でひざまずかされたときに痛めた左ひざの治療のため外科手術を受けた。ある医師の所見では、拷問によって彼の身体には、身体の10パーセントに一生障害が残るということである。

オマール・ガニマット

第3章　免責——拷問廃止への最大関門

法による統治がないがしろにされている

　国によっては政府当局が、司法の決定を一様に無視し、法の原則を蝕み、免責を助長している。例えば、パレスチナ自治政府は、個々の囚人の釈放を求める多くのパレスチナ高等裁判所判決の実行を拒んでいる。数百人の被拘禁者が、イスラエル政権と協力した容疑あるいはイスラエルとの和平交渉に反対するイスラム勢力のメンバーであるとの疑いをかけられ、起訴も裁判もなくパレスチナの刑務所に捕えられている。これらの被拘禁者たちのすべてではないにせよ、多くが拷問・虐待を受けている。逮捕後の隔離拘禁が長期に及ぶことが、人権侵害を助長している。例えば、1999年8月、暴力に対する反対声明を出している合法的イスラム政党ヒズブカラスの指導者サミ・ナウフェルは、情報部員によって逮捕された。彼は、8日間拘禁され、不起訴で釈放された。申し立てによれば、彼は拘禁中、足の裏を殴打され、痛みを感じるほどきつく手錠をかけられ、身体をねじ曲げた姿勢を長時間強いられ、睡眠を奪われた。釈放された際、サミ・ナウフェルには打撲傷、腫れ、擦り傷が身体のあちこちに、とくに手足に見られた。医療報告書が確認しているところによれば、それらのけがは彼の申し立ての内容に一致している。

拷問が合法化されている

　1987年、イスラエル政府が尋問中の「適度の肉体的圧力の行使」を正当化する調査委員会の報告書を正式に認めたことで、拷問撲滅のための世界的キャンペーンは後退した。パレスチナ人被拘禁者に対して、身体をねじ曲げた姿勢で暴力的にゆさぶったり、長時間にわたって手足を束縛するなどの方法が、治安当局によって日常的に用いられていた。その行為自体もそれがもたらした被害もよく知られている。政府による上記の決定が、イスラエル国内で拷問の行使について激しい議論を巻き起こし、これを覆そうと国内のみならず世界的なキャンペーンが展開された。人権活動家たちは、拷問は法的にも道徳的にも絶対に正当化されてはならず、拷問が武装政治勢力の暴力的攻撃の防止に有効だとの証明はなされていないと主張した。1999年9月、イスラエル高等裁判所は、そのような手段は違法であり、禁じるべきであるとの判断を下した。一般治安局に対し、尋問中の「肉体的圧力」の行使を認めるとする法案が、一人の議員により、その同じ年に国会に提出されたが、イスラエルの拷問合法化に反対する国内および国際的な運動の力もあって、この法案は今のところ十分

な支持を得ることができていない。

免責が法律の中で温存されている

　最も露骨な形の合法的免責は、拷問行為に関与した者たちへの起訴を免除する法律のなかに認められる。このような法律は、しばしば緊急事態、その他政府が法と秩序への特別な脅威があると主張する状況下で制定される。

　拷問を行なった者への起訴の免除を認める多くの法律は、政治的に過渡期、例えば軍事政権から交代した直後に、あるいは武力紛争を終結させるための交渉の一環として持ち出される。これらの法律のもとで、拷問に関与したとされる者たちは、国家の調和を促進するためという表面上の理由により起訴を免れている。そのような手段は過渡期の安定を保証するために、そして社会の傷を癒すために必要だとする議論は、説得力のある議論のように見えるかもしれない。しかし、国家の調和の名のもとに正義が否定されるところでは、犠牲者やその親族も、社会全体も、大きな代償を払っていることは経験上明らかである。強固な人権の原則と法の支配によって支えられた新しい社会的・法的秩序を構築するためには、正義の必要性と和解とは、互いに排他的なものではなく補完的であるとして理解されなければならない。

　もし犯罪事実が認められる前に、または被害者に賠償金が支払われる前に、あるいは司法手続きが有罪か無罪かという明白な判決で完了する前に、恩赦法や同様の措置が持ち出されるとしたら、それは国際法に違反する。それは、将来にとって危険な基礎を築くことになる。

　シエラレオネでは、熾烈な紛争を終結させようとした1999年、ロメ和平協定によって包括的な恩赦が定められた。この恩赦によって、広範囲に蔓延した組織的な拷問を含む甚だしい人権侵害の加害者が法の裁きを免れることを許された。すべての紛争当事者によって依然として行なわれている人権侵害を抑止する力を備えていないために、この協定は、2000年に起きた一般市民に対する新たな暴力と人権侵害の基礎を築いてしまったと言える。

　南アフリカでは、真実和解委員会（TRC）という組織が、アパルトヘイトを終結させた交渉の結果、設立された。TRCは、拷問を含む「政治的動機による」人権侵害の加害者たちが自らの犯罪を認め詳細をすべて公表した場合に恩赦を行なうことのできる権限を与えられた。その恩赦は、政府当局によって平和的な政権の移管を確保するために必要であるとして正当化されたものである

第3章　免責——拷問廃止への最大関門

> 1993年の世界人権会議で採択されたウィーン宣言は、「すべての政府に対し、拷問などの甚だしい人権侵害の責任者への免責につながる法を廃止し、そのような人権侵害を訴追し、そのことによって法の支配に堅固な土台をつくる」よう求めている。

が、多くの拷問被害者とその親族は、犯罪者に対する寛容な措置を見て、自分たちが不当に扱われたと感じている。TRCは人権侵害による犯罪の被害者に対する賠償を求める勧告を出したが、政府がなかなか行動を起こさなかったことによってこの感情はより膨らんだ。しかし、1998年10月の報告書の中でTRCは、「免責が慣習化するのを止め、法の支配を定着させる」との理由で提案された包括的恩赦に激しく反対した。

責任の追及を可能にする仕組みがほかにない

　起訴は重要ではあるが、免責をなくすために経なければならない段階の一つに過ぎない。行政による、あるいは各組織内の規律による制裁もまた重要だ。治安部隊員に対して、職務上、情報を得るために、あるいは彼らが直面する脅威を迎え撃つための手段として、拷問を用いることは適切ではないことを真に理解させるからである。行政によって定められる規制に基づいて、あらゆる拷問の訴えに対し、迅速で徹底的かつ独立で公平な調査がなされるようにしなければならない。調査が終了するまでは、事件に関与した警察官を停職にし、もし責任があると認められれば解任、転任、あるいは免職とする。科料や、賠償金支払いの義務など、他の適切な罰則を加えることも必要である。

　一つの組織が、その組織の人間が拷問を行使しているという訴えに対して、内部的にどのように対応するかは、免責を減らせるか、あるいは強化するかの分水嶺となる。拷問の調査中にもかかわらず、警察官を昇進させたり賞を与えたりすることは、明らかにそのような拷問行為が許容され奨励されると言うに等しい。拷問は、質の悪い警察官(いわゆる「腐ったリンゴ」)一人に帰す問題だという議論によって、組織的な問題性を認識して対処することを妨げてしまう。警察当局のなかには、拷問の告発を受けた警察官に対する刑事的制裁は、志気に影響し、犯罪から市民を守る役割が十分に果たせなくなると主張する向きもある。それでは、組織内での拷問を職務上の行動として許されるとする根強い風潮に対抗することはできない。

　多くの国ぐにで民事訴訟は、拷問の被害者に、被害について提訴する可能性

を開いている。民事訴訟は多くの場合、刑事訴追が閉ざされたときに残された唯一の救済策となり、被害者にとって有益である。すなわち、重要な情報がその手続きの過程で公表されることもあるし、被害者に対して賠償金が支払われれば、それは物理的に被害者を利するばかりでなく、拷問を行なった者の責任を暗黙のうちに認めたとも見なせる。しかし、ときには、国家に不利な判決が出そうな裁判手続きを打ち切らせる手段として賠償金が支払われることもある。賠償金が支払われたからといって、国家が拷問行為の刑事責任を明確にする義務を免れるわけではない。

　政府が拷問の被害者に補償をする制度を持っていたとしても、拷問を行なった者を法のもとで処罰することを怠っている国もある。毎年、スリランカの最高裁は、警察から拷問を受けた人びとに対して賠償を認めている。史上最高額の賠償金は、14歳の少女、バタタ・ジャヤトゥンガ・ガマゲ・マルシャ・クマーリに支払われたものである。彼女は、1995年、ハンバントタ地区の警察から拷問を受けた。彼女は、隣家から宝石類を一つ盗んだことを自白させるためという名目で、両手を木に縛られて吊るされ、ゴムのホースと棒で殴打された。警察は、あらゆる手を尽くして家族に賠償の訴えを取り下げるよう説得した。伝えられるところによると、警察は、家族に多額の金を支払うと申し出たり、窃盗の訴えを起こした隣家を告訴してやると持ちかけたりした。彼らは、母親を通さずにバタタ自身に書類に署名させようとした。また、彼らは、最高裁への提訴については弁護士に要請したことはなかったとする供述をバタタの父から引き出した。後には、警察は隣家を脅迫したとしてバタタを起訴までした。ところが、最高裁は、その事件を調査し、最終的には記録的な多額の賠償金が彼女に支払われることになった。最高裁は、拷問に関与した者たちに対して、「刑事裁判手続きあるいは懲戒によって」さらなる調査と適切な行動を求める勧告に対し、関係当局がその後十分な勧告の実行を怠っているとして、繰り返し不快感を表明した。今のところスリランカの法廷で、拷問で有罪判決を言い渡されている者はただ一人としていない。

拷問加害者に安全な聖域はない

　拷問は、国を越えた対応が欠かせない犯罪である。拷問等禁止条約のもとで

第3章　免責──拷問廃止への最大関門

は、いかなる国家も、拷問が行なわれた場所、拷問の加害者と疑われる者や被害者の国籍にかかわらず、加害者と疑われる者がその国にいればそれが誰であっても裁くことができるし、また裁かなければならない。

　普遍的管轄権の原則によれば、自国内の拷問の加害者と疑われる者は自国の法廷で裁くか、さもなくば裁くことが可能で、その意思がある国に被疑者を引き渡さなければならない。この原則は、第2次世界大戦後、今から50年以上前に確立され、1949年に締結された4つのジュネーブ条約に盛り込まれた。しかし、イスラエルでのアドルフ・アイヒマン裁判や、カナダでのイムレ・フィンタ裁判のように、第二次世界大戦のあいだに起こされた犯罪の裁判を除けば、その条文は、数十年のあいだ空文であった。ほとんどの国が国内法のもとでそのような管轄権を国内の裁判所に与えなかった。与えた国があったとしても、実際に行使することはほとんどなかった。政治的配慮は、常に原則を遵守することに優先する。結果的に、自国で法の裁きを免れた犯罪者は、他のどの国でも「安全な聖域」を容易に見つけてしまう。

　ところが、最近は状況が変わってきた。今後、自国の拷問に寛容な国はもっと少なくなるだろう。1993年の旧ユーゴスラビア国際刑事法廷と1994年のルワンダ国際刑事法廷の設立が直接のきっかけとなって、各国は行動へ駆り立てられた。普遍的管轄権に基づいて、最近の犯罪に関する提訴が、オーストリア、オランダ、スイス、スペイン、デンマーク、ドイツ、フランス、ベルギーで起こされている。イタリア、ドイツは、1970年代、80年代のアルゼンチンでの拷問、超法規的処刑、「失踪」に対する刑事裁判手続きを開始した。

　1998年10月に英国で逮捕されたチリの元軍事政権大統領アウグスト・ピノチェトの事件はとりわけ有名である。拷問やその他の犯罪で彼を起訴するためにスペインへの引き渡しが要請されたことを受けて、彼は逮捕された。この逮捕それ自体が、たとえ国内法によっては容疑者が起訴を免れようとも、拷問のような犯罪の容疑者はそれがどんな者であっても、国際法を超えることはできないことを示した強い合図であった。犠牲者やその親族、ならびに弁護士らの苦労によって、スペインで、司法による調査が始まり、スペイン政府は引き渡しの要請に至ったのである。この引き渡し要求を受け容れたことで、英国の法廷は、拷問容疑で起訴された者は、「拷問がどこで起きたことであるにせよ起訴され得るのであり、またされるべきである」という基本原則を確認した

ことになる。英国上院はまた、一国家の元大統領でもそのような犯罪の起訴を免れないことを明確に確認し、以下のように述べた。

「拷問は、どこで起こっても、国際法と拷問等禁止条約の締約国が、すべての法廷に普遍的管轄権を与えている国際的な犯罪である」(*26)。

　ピノチェトの事件は、また、普遍的管轄権を通じて国際的に責任を追及する際のいくつかの障壁を露呈した。英国の法律に定める範囲が限定的であったことに

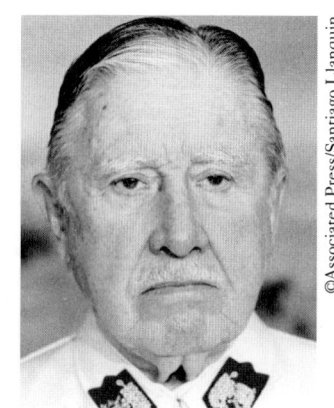

アウグスト・ピノチェト

より、英国で拷問等禁止条約が発効した1988年以降にピノチェトが行なった拷問の範囲で起訴する目的に限って、ピノチェトを引き渡すことしかできなかった。この事件の際、英国とスペインの間の外交的経済的な関係にまで問題が及び、それによって、引き渡しを行なうべきか否かを決める司法手続きに対して、政治的介入の危険性が高まった。健康を理由にピノチェトをチリに戻してもよいという決定は内務大臣によって下されたものであり、裁判所によるものではなかった。だからと言ってピノチェトがチリに戻ったことが、免責との闘いに負けたことを意味するわけではない。それは敗北ではなく、焦点がチリに戻ったということである。今度はチリ当局が、1978年の恩赦法を含め、拷問加害者を裁く際の法的な障壁を取り除かなければならない。期待すべき第一歩が2000年8月に踏み出された。チリ最高裁判所が、終身上院議員としてピノチェトが享受していた永久免責特権をはく奪することを決定したのである。

　ピノチェト事件によって勢いが生まれ、長いこと空文化していた普遍的管轄権の原則が、21世紀には、より現実のものとなるだろうという希望に再び火が灯った。1999年7月、フランスの司法当局は、フランスのモンペリエで軍事演習に参加している際に逮捕されたモーリタニアの陸軍将校エリィ・ウルド・ダに対する裁判手続きを開始した。

　1990年と1991年に彼から拷問を受けたと訴えた二人のモーリタニア市民に代わって、人権団体が警察に対する正式な申し立てをしたことを受けて、司法当局が動き出したのである。拷問は、黒人社会の構成員を大量排除する決

第3章　免責──拷問廃止への最大関門

まったやり方の一つとして、その時期、広く行なわれていた。フランス当局は、拷問等禁止条約の条項を盛り込んだフランスの法律を根拠に、その事件の管轄権があると宣言した。しかし、残念なことに、法廷が有罪無罪を決める前に彼はモーリタニアに逃亡してしまった。

2000年1月26日には、チャドやアフリカ地域の、あるいは国際的な人権団体によるNGO連合が、セネガルのダカールで、ヒセイン・ハブレ元チャド大統領に対し、1982年から1990年までの彼の統治期間になされた人道に対する犯罪と拷問について刑事告発した。ヒセイン・ハブレは、自ら拷問と殺害の命令をしたという証拠があるにもかかわらず、1990年に退陣させられた後、セネガルに居を定めることを許されていた。10年近くにわたってアムネスティは、セネガル政府当局が、ヒセイン・ハブレを裁判にかけるために行動するという拷問等禁止条約上の義務をまったく怠っていることについて、懸念を繰りかえし表明してきた。2000年1月28日、あるセネガル人判事が、ヒセイン・ハブレの拷問行為の共謀に対して司法による調査が行なわれるべきであるという裁定を下した。ところが、2000年7月、セネガルの裁判所は、チャドで起こした犯罪について、ヒセイン・ハブレを起訴する管轄権をセネガルは持っていないという判断を示した。NGO連合はこの判断について控訴した。

©Popperfoto/Reuters
ヒセイン・ハブレ

アムネスティは、普遍的管轄権を、拷問やその他の深刻な人権侵害との闘いにとって、有意義な手段とするためにキャンペーンを展開している。アムネスティは、各国政府が、自国の裁判所で普遍的管轄権が有効に行使されるようにするために、各国政府が依拠すべき14の原則を作成した(*27)。

国際法廷

免責に対抗するためにより有効な国際的仕組みを模索するもう一つの重要な進展は、1990年代初頭、ルワンダと旧ユーゴスラビアで行なわれた、組織的な、あるいは広範囲に及ぶ拷問の行使を含む、大量虐殺や人道に対する犯罪、

戦争犯罪の責任者を起訴するために国連が設立した二つの国際法廷である。

　この二つの法廷は、人的財政的資源の不足と、例えば情報提供や被疑者の逮捕のような場合における個々の国からの協力不足によって、その機能を十分に果たすことができないでいた。そのような問題にもかかわらず、この二つの法廷は、いくつかのケースにおいて拷問の罪で起訴し有罪判決を出している。また、広範囲に及ぶ、あるいは組織的な人道に対する犯罪の一部としての強姦は、それ自体が人道に対する犯罪に相当すると裁定している。さらに強姦は、民族的、人種的、宗教的なある一つの勢力を、全体的にせよ部分的にせよ破壊しようという特定の意図を持ってなされた場合は、大量虐殺(ジェノサイド)の一手段にあたるとも判断している。また、旧ユーゴスラビア国際刑事法廷は、強姦を含めて、人間の尊厳の侵害を助長したり扇動したりする行為を、戦争犯罪に相当すると確認した。

　免責をなくすための重要な一歩が、1998年7月17日に踏み出された。その日、恒常的に国際刑事裁判所を設立することに、国際社会が同意したのである。この裁判所は、拷問が大量虐殺(ジェノサイド)または人道に対する犯罪、あるいは戦争犯罪に相当する犯罪を管轄する。国際刑事裁判所設置規程は、「これらの犯罪を起こした者の免責を撤廃する」国際社会の決意を記し、「国際的犯罪の責任者に対して刑事管轄権を行使することは、あらゆる国の義務である」ことをあらためて謳っている。

　国際刑事裁判所は、責任を果たす能力および意思がある一国の裁判所の代わりにはならない。この裁判所は、各国がこれらの犯罪の責任者を法によって裁くことを怠ったときにのみ管轄権を行使する。国際刑事裁判所というまさにその存在が、各国が義務を果たすために法体制を構築するよう促す触媒として機能すると同時に、そのような犯罪の抑止力にもなる。

　国際刑事裁判所設置規程に調印し、これを批准した国の議会は、国際刑事裁判所によって提訴された者の引き渡しを可能にし、当局が同裁判所に協力するよう義務付ける法律を制定しなければならない(*28)。そのような法律を制定する際に、同時に各国は、国内の裁判所が国際刑事裁判所を効果的に補完できるよう保証しなければならない。つまり、国際刑事裁判所の管轄権に含まれる犯罪を、国際刑事裁判所設置規程の定義に矛盾しないように、国内法のもとでも犯罪と認定しなければならないだけでなく、大量虐殺(ジェノサイド)や人道に対する犯罪、戦

第3章　免責──拷問廃止への最大関門

©Reuters

1997年7月、ボスニアのセルビア人ドゥサン・タディッチは、拷問および残虐な、非人道的なまたは品位を傷つける取り扱いを含む、戦争犯罪および人道に対する犯罪で、20年の刑を受けた。彼は、オランダのハーグにある、旧ユーゴスラビア国際刑事法廷に出廷した。

争犯罪、超法規的処刑、強制的「失踪」、拷問など国際法上重大な犯罪について国内の裁判所に普遍的管轄権を与えなければならない。

　このような進展によって、国際法のもとで行なわれる犯罪調査と告発に関する統一的な制度が強化され、世界最悪の犯罪の責任者たちが安住する聖域を縮小させ、最終的にそれを完全になくすことに役立つことになるであろう。

　　国際刑事裁判所設置規程の採択と各国の普遍的管轄権の履行は、免責との闘いにおける一つの記念碑である。これらは、私たちがついに実効あるものとして国際法を執行するという新たな時代に突入しつつあることを示唆している。これらの成功は、被害者、その親族、弁護士、人権活動家たちのたゆまぬ運動と、労を惜しまぬ下地作りなしには実現しなかっただろう。免責との戦いは、今後も主には国内の最前線で続けられるだろうが、その一方で、これらの成果は、拷問加害者がどこにいようとも、彼らを追及する取り組みに対して地球規模のさらなる対応が必要であることを示している。

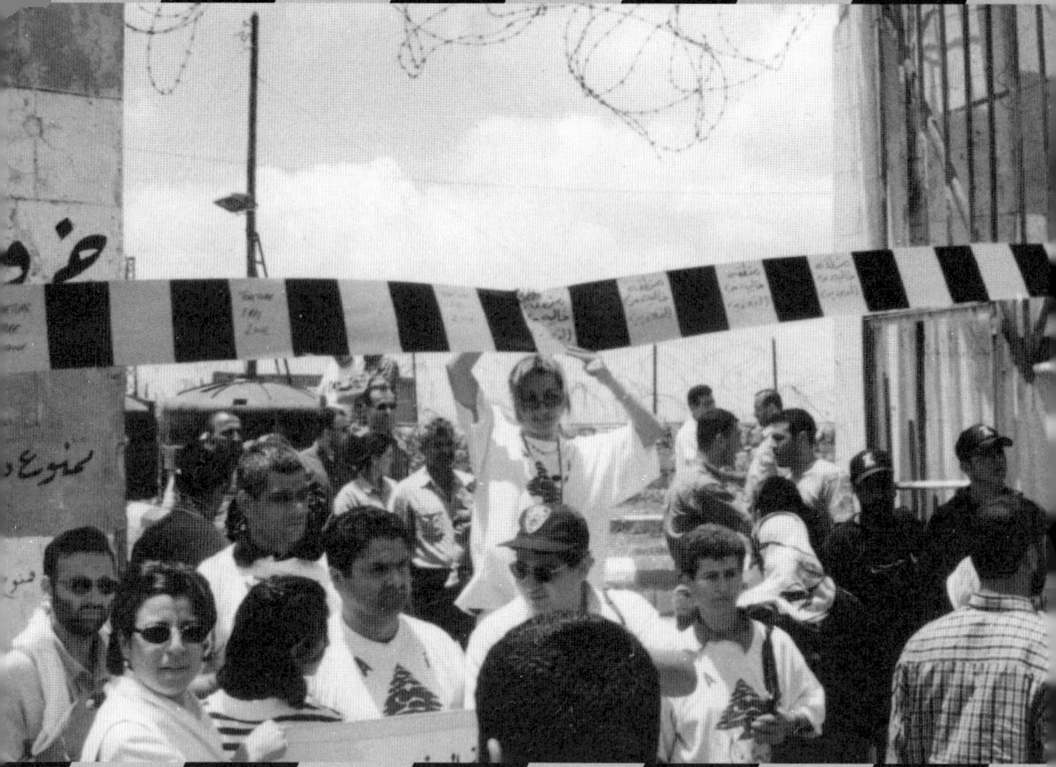

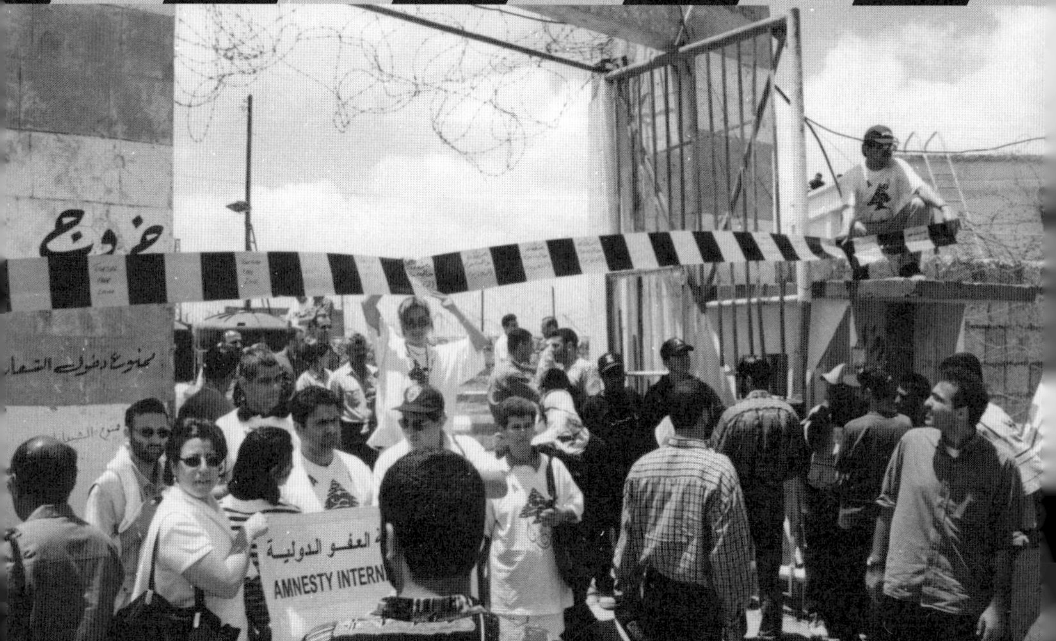
خروج
العفو الدولية
AMNESTY INTERN

第4章　拷問との闘い──行動のための覚書

「アムネスティがおまえたちのことで大騒ぎをしている。私たちはおまえたちをどうするつもりもないのに」。トルコ当局に拘禁されている5人の政治囚に危害を加えないように求めるアムネスティの緊急行動に、世界各地の人びとが参加してから数日後、トルコの治安関係職員がこの5人にこう語ったが、これは今までになかったことだ。トルコ国内の政治囚の多くは拷問されているのに、2000年3月に逮捕されたこの5人は警察署や憲兵所での拘禁中、拷問を受けなかった。

拷問反対の活動の効果がすぐあがることはあまりない。たいていの場合、様ざまな団体や関係者の努力が重なりあって実を結んでいくもので、アムネスティの活動はそのほんの一部にすぎない。しかし、今回アムネスティが広報活動とアピールを開始すると、いくつかの国では、一時的にせよ、拷問・虐待が減少した。また、警察官の教育・訓練課程に人権教育を取り入れることや、拷問の申し立てについての調査方法の改善といったアムネスティの勧告を実施する国も出た。

アムネスティ、その他の人権団体の活動の結果、拷問を犯罪として規定するように法が改正されるなど、司法、行政上の改革がなされた国ぐにもある。たとえばポルトガルでは1996年から1997年にかけて、内務省監察官制度を設立し、警察組織による拘禁の条件を規定する新しい法律の作成にあたり、国際人権団体からの批判が考慮された。NGOからの要求に応えて、いくつかの国で公的機関として人権委員会や監察委員制度ができた。こうした機関は通例、個々の拷問の事例を扱ったり、一般的な問題と取り組むこともできる。

アムネスティは個々の国や地域での活動を助けることもある。ロシアにおける拷問についての報告書(*29)を1997年に発表した後、ロシアのNGOと連携して拷問に反対した結果、その年のうちにロシアの大統領は1カ月まで隔離拘禁を認めていた法律を廃止した。ケニアでは地元のいくつかのNGOと協力して、拷問に焦点を当てた活動を展開している。医師たちと協力して活動し、ケニア医師会内部に拷問を扱う常任委員会

レバノンのアムネスティ会員たちが、南レバノンにあるキアム拘禁センターの元被拘禁者たちとともに、施設の入り口に「拷問禁止ゾーン」テープを張り渡している。
イスラエルが2000年5月にこの占領地域から撤退して、拷問が蔓延していたこの拘禁施設に拘禁されていた人びとはみな解放された。

を設置するところまでこぎつけた。また、ケニアを援助している各国政府に対し、ケニアにおける拷問・虐待の悲惨さに目を向けるよう働きかけた結果、各国はケニア政府に改善するよう圧力をかけ、拷問反対活動をしているケニア国内のNGOへの資金を提供した。1997年、ケニア政府は拷問等禁止条約を批准したが、これはケニア国内だけでなく国際的に繰り広げられたキャンペーンの成果である。

兵士の傍らで二人の子どもとともに身をかがめる父親。インドのジャンムー・カシミール州では、絶えず続いている紛争のもとで治安部隊が拷問、「失踪」、殺害に関与しながらも、免責されている。

　拷問反対活動の多くは個人の救済に焦点を当てている。これは被拘禁者が拷問されないこと、またときには現在受けている拷問を止めさせることを目指し、さらには、拷問の被害者のリハビリや拷問を行なった者を裁判にかけるための法的手続きを手伝うことにもなる。

　2000年6月、アムネスティの調査団はボリビアのラパスにあるチョンチョコロ厳重警戒刑務所の隔離監房に拘禁されている2人の囚人を訪問した。彼らは刑務所長の事務所の近くで看守にひどく殴られ、殺されるのではないかと恐れていた。というのも前の晩に他の二人の囚人が殺害されていたのだ。アムネスティは彼らのために緊急行動を起こし、数時間後には世界中からアピー

第4章　拷問との闘い——行動のための覚書

ルが当局に届き始めた。彼らの一人はブラジル国籍であったので、ブラジル大使館員が訪問し記者会見が開かれ、刑務所内部での拷問・虐待に注目が集まった。2000年7月末の時点でも彼らは隔離拘禁されているが、当局は二人の安全に関する責任と彼らのケースが国際的に注目されていることをよく配慮している。

　被拘禁者への拷問が日常化しているブルンジで、ジャン・ミナニが陸軍将校殺害に関係したとして起訴された。証拠は自白と目撃者一人の証言であるが、両方とも拷問によって引き出された。3年後に裁判が始まり、アムネスティは写真その他の拷問の証拠資料を法廷に提出した。証人は証言を翻し、ただ恐ろしかったので嘘の証言をしたと述べた。裁判で被告人を有罪とする証拠は認められず、ジャン・ミナニは釈放され、彼は現在、不法な拘禁と拷問の補償を求めている。

　ここ2、30年間に拷問に反対するNGOの活動は目覚ましく強化された。いろいろな国や地域に、人権団体が数多く設立され、拷問を非難し、犠牲者の保護のために働いている。そうした組織とは別の角度から拷問の防止に取り組み、地域別国別NGOを補完する国際的なNGOもできた。NGO6団体による拷問に反対する国際NGO連合(CINAT)(*30)も組織され、毎年6月26日の国連拷問犠牲者支援の日前後に、世界中の国による拷問等禁止条約の批准に向けた活動、意識を喚起するための活動を行なっている。

　1996年、アムネスティの呼びかけで行なわれたストックホルムでの国際会議以後、拷問に反対するNGOの間に連帯感が生まれ、新しい活動戦略が見えてきた。この会議は拷問反対運動の新展開のきっかけとなり、各国政府が拷問禁止に努めない以上、NGOが指導的役割を担おうとの共通認識が生まれた。各国のNGOがそれぞれの国で、法改正や機構改革、法の執行に携わる行政官の教育など、拷問防止のための総括的な対策案を作成すべきことが会議の勧告の一つである。また会議は拘禁中の拷問防止措置と犠牲者救済策を備えた拷問禁止・防止立法を各国に呼びかけた。

拷問の予防——獄中の拷問防止措置

　アムネスティは、被拘禁者を拷問から守るために鍵となるのは、法執行、司

オーストリア

1999年5月1日、ナイジェリア国籍のマルクス・オモフマは、オーストリアから飛行機で強制送還される際、機内で意識不明となり、死亡した。

彼の死因は不明であるが、彼が強制送還に抵抗した際に警官が行使した拘束手段と力の程度が彼の死の一因となっているのではないかとの深刻な懸念がある。

目撃者によると彼は、「解体処理された食肉動物」のように縛られ、口を塞がれて、警官によって機内に運ばれたという。3人の警官が、彼を機体後部の空いていた座席列に押し入れ、粘着テープで彼を縛りつけた。「上半身と両腕はミイラのように粘着テープでぐるぐる巻きにされていた」。彼がそれでも抗議し続けると、警官はさらにあごを粘着テープで抑え、プラスティックのベルトで座席に縛り付けた。ある目撃者は、「彼は激しくもがき、呼吸しようとしていたが、警官は何もしなかった。あの人は本当に何とか生きようともがいていた」と語った。

飛行機はブルガリアのソフィア行きで、その翌日の5月2日にナイジェリアのラゴスへの便が予約されていた。しかし、ブルガリアに着いたとき、彼はもう意識がなかった。医者が着いたとき、マルクス・オモフマはすでに死亡していた。彼の死後、ブルガリアで行われた検死の結果は窒息死であった。

1年以上経った今も、マルクスの死に関する

マルクス・オモフマの死から1年後、2000年5月、ウィーンで開かれた追悼式。

司法による調査は終わっていない。オーストリアで行なわれた2度目の検死の結果、以前にはわからなかった心臓疾患が彼の死に関係した疑いがあるとされ、彼に付き添った3人の警官の責任がどこまで問えるか、はっきりしていない。

現在までの調査で、1999年5月の強制送還の際に、付き添いの警官たちがどのような種類の身体の拘束までが認められていると考えていたかということについては、かなり曖昧であったことが明らかになっている。報告によるとウィーン市警察外国人担当責任者は1998年9月に拘禁施設での猿ぐつわ使用を禁止し、猿ぐつわを使用しなければ強制送還できない場合は警察の拘禁施設に連れ戻すことになっていると語っている。

しかしながら、1999年5月のマルクス・オモフマの強制送還に関わったとして起訴された3人の警察官の一人は、強制送還の際の猿ぐつわの使用を、彼の警察署では全員が知っていたと述べている。

内務大臣は1999年5月、猿ぐつわの使用を全面的に禁止すると言明した。アムネスティは強制送還の際に行使される力および拘束の手段について、ガイドラインを明らかにするよう引き続き要請していく。

マルクス・オモフマ

第4章 拷問との闘い——行動のための覚書

法や行刑制度の運用などの分野における保護のあり方だと考える。アムネスティは様ざまな国において、拷問防止のためのそのような保護のための措置がない場合に、拷問・虐待がいかに容易に行なわれてきたかを見てきた。拷問・虐待を防ぐための法律がある場合でも、無視されることもある。拷問防止のためには、法律や手続き上の規則による禁止だけでは不十分で、実際にそうした法や規則が尊重されることが必要なのである。

拷問は、拘禁された最初の数時間から数日間に多く行なわれ、外部の人と連絡がとれない隔離拘禁中にはとくに多用される。紛争中の、あるいは政情が不安定な国ぐにでは、逮捕に関して治安部隊が持つ権限が大きく、また非常事態宣言下では、しばしば長期間の隔離拘禁が認められている。アムネスティは隔離拘禁はやめるべきであると考える。弁護士、親族、医者とは逮捕直後から、そしてその後も定期的に連絡できるようにすべきである。

また、自由を奪われたその時点からすべての囚人は、自分の処遇について異議申し立てをする権利など、彼

真実と正義を求める戦いは、数十年間粘り強く続けられるものだ。
アルゼンチンにおける1970年代から1980年代初頭にかけての「汚い戦争」の犠牲者たちの追悼を、
90年代の人権活動家が続けている。
軍政下で拘禁され、拷問を受け、「失踪」させられた数多くの人びとの家族は、すべての加害者を裁判にかけるよう求めてやまない。

中国

アブドゥルヘリル・アブドゥミジットは、1997年2月5日、新疆ウイグル自治区クルジャ（伊寧）で拘禁された。彼は警官にひどく殴られ、地元の刑務所に収容された。そこで彼は、「犯罪」を自白し友人を告発するよう強要され、厳しい拷問を受けた。彼は壁に向かって両手を挙げて立たせられ、警官に背中を殴られた。ある警官によると、彼はデモを指揮した疑いで拘禁されたとのことだが、当局は彼に関するそれ以上の情報を公にしていない。最新情報によると、彼はクルジャ郊外の新疆生産建設部隊第四分隊の監獄に拘禁されており、そこでも虐待を受けている。ある囚人は看守が彼に犬をけしかけていたのを目撃したと証言している。

行商人、アブドゥルヘリル・アブドゥミジットは1997年2月5日、クルジャの街頭にいた数百人のうちの一人にすぎない。デモ隊は旗をふり、ウイグル人差別をやめよ、というスローガンを叫んでいた。報告によれば、平和的なデモが数時間続いた後、武装警官部隊が到着し500人にものぼる人びとを逮捕した。翌日クルジャに夜間外出禁止令がしかれ、暴動鎮圧のための警察機動隊が召集され、クルジャの町は2週間にわたって、外部との連絡を絶たれ、封鎖された。数日間、散発的に抗議活動や暴動が続いた。警官と抗議する人びととの衝突で、100人以上の死者や負傷者が出て、数千人が拘禁されたと推測される。

この事件以後、クルジャで拘禁されている人びとの処遇がとくに残虐になり、アムネスティの知る限り、中国の他地域では見られない拷問が行なわれるようになったという申し立てがなされている。新疆ウイグル自治区における拷問加害者が起訴されたとの公式発表はほとんどなく、中国の他地域とは際立った違いである。これは当局がこの地区で広範に行なわれている拷問を無視しているか、隠している、あるいは鎮圧の手段として認めている可能性がある。

1946年まで新疆ウイグル自治区では、そのほとんどがイスラム教徒であるウイグル人が住民の多数を占めていたが、現在は人口の半数以下に減っている。ウイグル人は教育、衛生施策面で差別を受け、近年の経済発展の恩恵をほとんど受けておらず、失業率が高い。また、政府はウイグル人の社会的、経済的、文化的権利を徐々に制限している。1980年代末以降、政府は彼らの宗教活動に対する規制を強めている。多くのイスラム寺院や宗教学校が閉鎖され、政府機関で働くイスラム教徒は宗教儀式を行なうことを禁止されている。

新疆ウイグル自治区で頻繁に報告される拷問は、ひどく殴る、蹴る、電気棒を使用、激しい痛みをともなう姿勢を囚人に強いるための手錠、足かせ、ロープの使用、囚人を厳寒あるいは酷暑にさらすことなどである。中国国内では新疆ウイグル自治区だけにみられる拷問に、精神的に不安定にしたり言語能力に障害をきたす何らかの薬物注射、胡椒やチリパウダーなどの刺激物を口、鼻、生殖器から注入する、馬の毛や針金を男根に差し込むなどの方法がみられる。

©Private

アブドゥルヘリル・アブドゥミジット

第4章　拷問との闘い──行動のための覚書

らに与えられている権利について知らされるべきである。

　司法担当官は独立した立場で拘禁状況を把握、管理することにより、拷問防止に決定的役割を担うことができる。自由を奪われたものは誰でも、直ちに裁判官またはその他の独立した立場の司法当局者の前に出頭させるべきである。裁判官ははっきりと虐待の痕跡があるかどうか確認することができるし、囚人の申し立てを聞くこともでき、独立した立場の信頼できる医学的検査を速やかに命じることができる。

　もう一つ、拷問防止のための保護措置に不可欠なのは、人身保護令状のような司法救済に対する権利である。これは、裁判所が囚人を保護する目的で囚人を出廷させたり、囚人の拘禁場所への裁判官の訪問を認めるものである。

　司法による監督の効果があがるか否かは、逮捕と拘禁が司法令状なしにどの程度許されているのか、人身保護令状のような救済策を法廷がいかに活かすか、被拘禁者が拘禁中に拷問されたとの証拠に法廷がいかに対処するか、拷問によって引き出された証言や自白を裁判官が採用するか否か、また治安組織の活動に対して司法が監督して問題にする権限を持つか否か、にかかっている。

　検察庁、国の人権委員会、監察委員または行政調査官などの機関もまた拘禁場所の状況を調べ、警察拘禁を継続すべきかを決め、被拘禁者からの異議申し立てを受ける役目を担っている。

　秘密拘禁は廃止されるべきである。秘密拘禁は拷問の危険性が高いだけで

拘禁施設への査察

すべての拘禁施設に対し、適切な機関が、予告なしで、制限されずに、独立の立場で立ち入り査察をいつでもできるようにすることが必要である。こうした公的機関による査察は、拷問・虐待から多くの被拘禁者を保護できる。また赤十字国際委員会やヨーロッパ拷問防止委員会（CPT）など、国際的組織による査察も大切な役割を果たしている。ヨーロッパ拷問等防止条約のもと、委員会は欧州会議加盟41カ国のいかなる拘禁場所へも定期的、および予告なしで制限されずに査察できる権限を与えられている。査察後、委員会はその報告を当事国へ送り、同意が得られれば公表することもある。1989年以来、委員会は100回以上の査察を実施し、報告の発表と当事国からの回答は通例となっている。国連ではヨーロッパと同様な査察が全世界で可能になるように拷問等禁止条約の選択議定書のための作業が進行中である。

なく、「失踪」にもつながる。

　拷問・虐待は取り調べの際に多い。取り調べ機関に対する監視監督を徹底するためには、身柄拘束機関は取り調べ機関とは分離すべきである。取り調べに際して常にその記録を残し、取調官の身元を記すことは国際基準で要求されている。取り調べは弁護士立会いのもとで行なわれるべきである。

　女性は男性と分けて拘禁され、女性職員によって管理されなければならない。また、女性の被拘禁者は、女医と連絡できるよう取り計らうことが必要である。

　子どもの拘禁はできるだけ避けるべきで、拘禁の必要がある場合でも、できる限り短い期間にすべきである。子どもは特別に配慮される権利があり、それぞれの子どもに最良の配慮をすることが国の義務である。大人と同じ場所での拘禁がその子どもにとって利益になる場合以外は、大人と分けて拘禁されるべきである。

　拷問の申し立ておよび報告はすべて公式に調査されるべきである。拷問の加害者は裁判にかけられるべきであり、犠牲者はリハビリや補償金など、償いを受ける

カンボジア、プノンペンのトゥールスレイン博物館内の尋問室。この建物はかつての治安刑務所で、ここには1976年から79年にかけて、共産党員がクメール・ルージュによって悲惨な状況のなかで拘禁されていた。

©Charlie Marsden/Panos Pictures

権利がある。こうした拷問防止策についてはアムネスティの12項目プログラム（巻末付録1参照）で提唱している。このプログラムは現在の国際基準をさらに前進させ、新しい基準へ導くために、また政府の対応の基準として、役立つものである。

活動戦略をたてる

　拷問に反対する活動は、各地域単位で、各国単位で、そして国際単位でと、様ざまな単位で繰り広げられることが必要である。国際的な介入は、国内の動きを支援し強化することはあるが、それを肩代わりすることはできない。政府が拷問廃止への取り組みを怠っている場合には、人権活動家やその他の人びとがその先頭に立たなければならない。

　アムネスティは、一人ひとりを拷問から守る努力、また拷問廃止への動きを促す努力を、日常の活動の中心に置いている。この国際的な拷問廃止キャンペーンの期間中、アムネスティ会員と支援者は、さらに努力をして、活動の力を高めるために新しい協力関係を築いていきたいと考えている。世界各地に広がるアムネスティ会員たちは、各国内での拷問と闘うための戦略を推し進めるために、国際事務局の応援を得て、各国内のNGOと連帯していく。その目的は、人権団体と、宗教関係組織や労働組合、女性グループ、専門家集団などキャンペーンに参加しようとする組織との間の連携を強化することである。各団体はお互いの立場や専門的知識で補い合うことができる。アムネスティはそうした団体とともに、拷問に関連したそれぞれの国や地域特有の問題を明確にし、最も効果的な運動の方向を決め、行動のための戦略を推進できる。

　どんな場合でも活動方向は一つだけではなく、いろいろ考えられるであろう。法律、または制度的改革、国連あるいは地域別人権条約の批准を政府に働きかける、人びとの関心を高める、人権教育、（アムネスティは自国内の個別事例を扱えないので）個人のケースに取り組むほかの団体と協力しての行動など、実に様ざまな活動を巻き込むことができる。

　ペルーでは61の人権団体がまとまって人権問題に関する国内調整機関をつくり、1999年半ばに拷問廃止キャンペーンを国中で開始した。ペルーにおける政治にからんだ暴力事件は最近目覚ましく減少したが、それでも政治囚、刑

事囚への拷問や警察官の暴虐行為は広範に行なわれている。この調整機関は、家庭内暴力を扱う女性団体、アムネスティ・ペルー支部のような人権団体など、みな違った支援層と活動規範を持つ組織の集まりであるが、共同のスローガン「誰も、たとえ夫でも先生でも、警察官でも、ほかの人を虐待する権利はない」を打ち出し、公教育におけるキャンペーンを開始した。キャンペーン期間中、地元の人権団体などの組織は、囚人の拷問・虐待の廃止を約束させるために、警察や市長、町長など自治体の行政責任者と話し合ったり、働きかけたりしている。ペルー中の警察や行政責任者が自分たちの地域を「拷問、虐待のない地域」であると宣言するよう求められている。

　反拷問キャンペーンで生まれた協力関係は、アムネスティの拷問廃止国際キャンペーンが終了後も続き、このキャンペーンで工夫された活動手法は、将来、各国でアムネスティ活動を支えていくであろう。

拷問廃止に国際組織をどう活かすか

　とくに自国での救済の道を絶たれた拷問の犠牲者にとっては、国際的救済策が重要である。国連は各国の拷問廃止への歩みを監視し、ときには個人の訴えを受け付ける仕組みを考えだした。また米州人権裁判所とヨーロッパ人権裁判所という二つの特定の地域に法廷がある。これらはそれぞれ米州人権条約とヨーロッパ人権条約によって設置されたものだが、その条約に違反した拷問など人権侵害の個別の事件に法的拘束力のある決定を下してきた。これらの法廷での裁判手続きは国内単位での拷問廃止活動を促進する役割もしている。

　拷問と闘うための国際機構の活用と、それを妨げようとする力の例がアフメド・セルムニのケースである。オランダとモロッコの両国籍をもつ彼は1991年11月、フランスのパリ近郊セーヌ・サン・ドニのボビニーで、警官5人に逮捕された。警察拘禁中、彼はたびたび、こぶしやこん棒で殴られ、蹴られ、無理やり運動を強いられた。彼はまた、性的な虐待を受けたと訴えている。アフメドの逮捕は1991年であったが、5人の警官は1997年まで取り調べを受けなかった。1999年3月、フランスに対する訴訟手続きがストラスブールのヨーロッパ人権裁判所で開始された。しかし、この裁判が開始される6週間前の2月、ベル

第4章　拷問との闘い——行動のための覚書

サイユの裁判所に5人が出廷した。これによってフランス政府は「国内での裁判が終了しておらず、もしヨーロッパ人権裁判所がアフメドの拷問に対し判決を下すと5人の推定無罪の原則を犯すことになる」と主張することが可能となる。ヨーロッパ人権裁判所はフランス政府の主張を受け付けず、2000年7月、フランスは拷問および非人道的なまたは品位を傷つける取り扱いまたは刑罰を禁止するヨーロッパ人権条約第3条に違反したとの裁定を下した。法廷はアフメドへの「取り調べ期間中の身体的精神的暴力は重い苦痛を与え、非常に厳しいもので残虐であった」と述べた。

ベルサイユの法廷で、5人はアフメドともう一人の被害者アブデマジッド・マディに対する暴力、性的虐待を否定し、二人は自分自身で傷つけたのであり、たぶん映画の見すぎであろうと述べた。5人は全員有罪で、2年から4年の刑を言い渡された。5人はただちに控訴し、普通では考えられないほどの速さの控訴審で「形だけの」刑が宣告された。うち一人の4年の刑は18カ月に減らされ、しかもそのうち15カ月は執行猶予とされた。ほかの4人は執行猶予つきの、10カ月から15カ月に減刑された。驚いたことに控訴審の検事自ら5人の名誉挽回を要求し、性的虐待については無罪と述べ、もし5人が暴力行使で有罪判

拷問に反対する活動のための国連機構

　拷問を廃止し、予防するための国連機構(*31)には、拷問等禁止条約のもとに設置された拷問禁止委員会がある。条約の締約国は条約の履行措置に関して報告の提出を課せられており、委員会はその報告書を審査する。または拷問などの被害者個人が、直接委員会に申し立てることができる個人通報制度と国家通報制度は、締約国がこの手続きを受諾している場合のみ審議できる。委員会はまた、拷問が組織的に行なわれているとの信頼できる情報を得たとき、当該国への訪問などの行動を起こすことができる。

　もう一つ重要なものに、拷問とそれに関連した事件についての報告を国連人権委員会から委任された、拷問に関する特別報告者の制度がある。その活動は拷問の危険が差し迫っている場合、緊急アピールの採択、現地での実情調査、毎年の国連人権委員会への報告などがある。

　ほかには自由権規約委員会が締約国から提出された報告を審査し、また、この条約の第一選択議定書を受諾している国の個人からの訴えを検討する。子どもの権利条約締約国からの報告を審査する子どもの権利委員会、女性に対する暴力に関する特別報告者のようなテーマ別の機構、国連人権委員会が任命する国別の機構などがある。

トルコの南東部のトルコ人、アブドゥルレッサク・イペッキは、1994年5月に息子二人が逮捕されて以来、息子たちについて何も聞いていない。当局は彼の息子たちの消息については何も知らないと言っているが、イペッキは何か情報はないかと、トルコ人権協会の事務所を定期的に訪れている。愛する者に何が起きたのかを知ることができないという、「失踪」した者の親族の苦しみは、それ自体が拷問・虐待の一形態である。

決を受ける場合は、恩赦を与えられるべきであると述べた。法廷は暴力の行使については有罪としたが、性的虐待については有罪判決を破棄した。

人びとの意識の改革

　抑圧的な国においてでさえも、世論は拷問防止と免責抑制に影響を与える。拷問が明らかになったとき、人びとの怒りが広まれば、政府がその調査に取り組む可能性は高くなり、調査結果への対応にも関係する。しかし、拷問の事実に世論が無関心だとみれば、拷問の加害者は拷問を続ける。人権活動家は人びとに拷問の事実を知らせ、それが決して正当化されない行為であることを強調するという重要な役割を担っている。

　今日、人びとの拷問に対する無言の支持が問題になっている。とくに犠牲者が10代のホームレス、麻薬中毒者、泥棒など、社会で見下されている集団に属している場合にである。「私は拷問賛成」と言う人はまずいないが、ある時期にある種の人びとに乱暴な手段を行使することは多くの人が受け入れており、歓迎さえしている。大切なことは差別されている人びと、社会の片隅で生きている人びとも、犯罪を犯した人びとも、みな同じように人権を守られねばならないことである。どんな場合でも拷問は許されないということが明確にされなければならない。

　拷問廃止キャンペーン開始前に、アムネスティは国際的な世論調査会社の

第4章　拷問との闘い——行動のための覚書

> **反拷問の基準の新しい進展**
>
> 　国連人権委員会では、3つの新しい人権擁護のための機構を検討中である。これらが実現すれば、拷問に対する闘いにとって、重要な意義を持つであろう。
>
> ＊拷問等禁止条約の選択議定書
> 　これは世界規模で拘禁施設の査察への道を開くものである。この議定書の批准国は警察署、刑務所その他の拘禁施設への国際査察を認める義務を負う。
>
> ＊国際人権法および国際人道法を侵害された犠牲者への救済と補償の権利に関する基本原則とガイドライン
> 　人権侵害の犠牲者が裁判に訴える権利、真実を知る権利、補償を受ける権利、これらが詳細に文章で説明される。
>
> ＊免責と闘う活動を通して人権擁護とその進展をはかる一連の原則
> 　免責を克服するために必要な様ざまな措置のなかでも、とりわけこの原則は、犠牲者が裁判に訴える権利を示すものであり、過酷な政治的弾圧が行なわれた後に設置される「真実委員会」なども含む、司法制度の枠にとらわれない人権侵害の調査委員会のガイドラインでもある。
>
> 　これら3つはいくつかの国の反対にあって、実現までの道のりは遅々として進んでいない。選択議定書についてもその最重要項目について議論が紛糾している。人権委員会はこれらが最も強力な形で採択されるよう速やかに行動すべきである。

ギャラップ・インターナショナルとともに、意識調査をした。1999年8月と9月にギャラップ・インターナショナルは、世界60カ国で5万人以上にインタビューをした。この「ミレニアム世論調査」はこれまでで最大のものである。

「あなたの国で、拷問されない権利が尊重されているか」という問いに対して、「充分尊重されている」と答えた人は31パーセント、「まあ尊重されている」と答えた人は37パーセント、「尊重されていない」と答えた人は21パーセントであった。

「拷問を減らし、廃絶するために非常に効果的だと思われる手段」として、「今以上に加害者を訴追すること」を挙げた人は77パーセント、「今以上に人びとが関心を持つこと」を挙げた人は75パーセント、「今以上に警察官への監視を行き渡らせること」を挙げた人は70パーセント、「今以上に国際法を厳しくすること」を挙げた人は70パーセント、「反拷問草の根キャンペーン」を挙げた人は65パーセントであった。この65パーセントという数字から反拷問キャンペーンを効果的と信ずる人が数百万人いると考えられ、この人びとにキャンペーンが届き、活動に参加してもらうことをアムネスティは目指している。

世界の拷問——認識のずれ

世界中の100カ国以上で拷問が行なわれていると考えたのは回答者のうちたった8パーセント。50カ国以上で行なわれていると考えたのですら、19パーセントであった。アムネスティは、150カ国以上から拷問・虐待の報告を受けている。

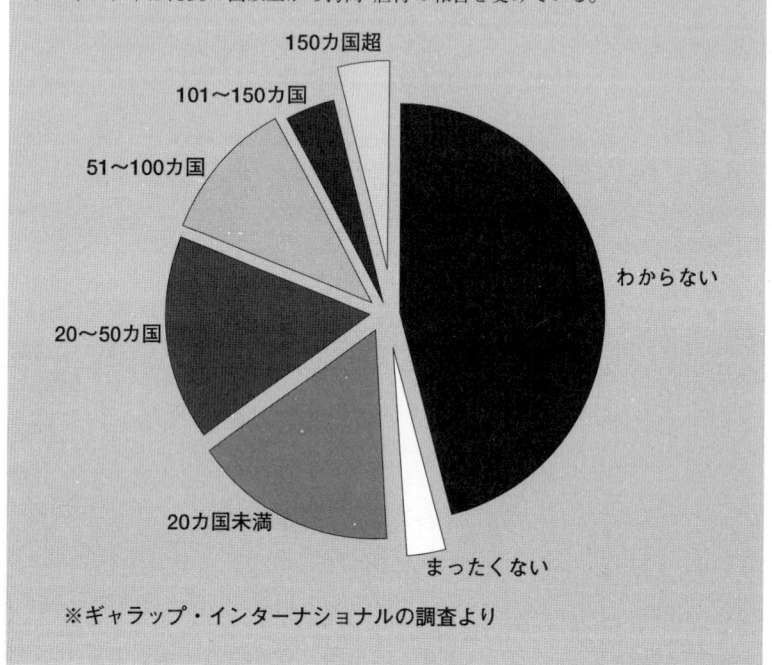

- 150カ国超
- 101～150カ国
- 51～100カ国
- 20～50カ国
- 20カ国未満
- まったくない
- わからない

※ギャラップ・インターナショナルの調査より

　どんな形であれ、すべての拷問に反対する世論を盛り上げるために、情報収集、地元のNGOを巻き込む、そして政治や世論に影響を与える人びとを取り込むことなどに努めなければならない。人権教育は人びとの関心を高め、人権に関する認識を強める。人権についての知識、人権を明確に記述した法とその実践は、人権侵害に対する地域の人びとの抵抗力を築く。人権教育は広い範囲の教育カリキュラムのなかに組み込まれるべき要素で、警官、看守、兵士、ジャーナリスト、弁護士、医学関係者のための教育・訓練にも取り入れられるべきである。人びとは、ニュースや娯楽番組で繰り広げられる公的機関による暴力の描写にも影響される。

　世論というものは決して同じところに留まってはいない。拷問に関する考

第4章　拷問との闘い──行動のための覚書

えも時代とともに変わる。今日拷問反対に関わる者は、一般に「好かれていない」集団の権利を守るためにも立ち上がらなくてはならない。私たちはあまりにも日常化してほとんど気がつかなくなった虐待の恐ろしさを人びとに示さなければならない。私たちはいつでもどこでも拷問・虐待に対し「それは悪である」との基本的な立場を取り続けなければならない。

拷問器具の売買を止めるために

©Ina Tin/AI

南レバノンのキアム拘禁センター。ドゴール・ブトロスが電線の鉄塔の前に立っている。彼は頭部に覆いを被せられた上でこの鉄塔から宙吊りにされ、水のなかに浸けられたり、電気ショックを与えられたり、電気ケーブルで殴られたりした。
2000年5月、キアム拘禁センターの扉が開かれ、最後まで残った144人の囚人は解放された。イスラエル軍と協力関係にあった民兵組織南レバノン軍が運営していたこの拘禁施設では、被拘禁者が日常的に拷問を受けていた。

「拷問者は去った。しかし、恐怖は残る。囚人たちをむち打つために裸で何日も縛り付けていた支柱や窓格子、夜、彼らめがけて放たれた氷のように冷たい水。尋問者が慈悲深いことに、イスラエルへわざわざ持ち込んだ小さな発電機、そのための電気の導線、電極を指や男根にあてられた収監者の悲鳴。昨日の午後、元囚人が私に手渡していった手錠。
鋼に彫りこまれた文字──"完璧な手錠。スプリングフィールド社、マサチューセッツ。メイド・イン・USA"。私はイスラエルでいちばん悪名高いこの拘禁施設のなかで考える。スプリングフィールドの重役たちは、この手錠を売るとき、そのことで自分たちがいったい何をしたことになるか、わかっていたのだろうか、と。
その手錠は、取り調べの際に、何年ものあいだ、囚人の手首を縛るために使われてきた。囚人は、夜も昼も、蹴られるときも、いつも手錠をかけられていた……」(*32)。
(2000年5月にイスラエルが南レバノンから撤退した後、ジャーナリストのロバート・フィスクがキアム拘禁センターについて語った言葉)

　世界中の拷問者たちに拷問器具を持たせ、使い方を訓練している政府や企業は、悲惨な人びとを無数に生み出している。世界中で、生産者やセールスマンが拷問

で利益を得ている。それも多くの場合、政府と共謀して行なっている。
　世界の武器や拷問器具の輸出国はほぼ決まっていて、イスラエル、英国、ウクライナ、中国、ドイツ、フランス、ブルガリア、米国、南アフリカ、ルーマニア、ロシア。国連安全保障理事会の常任理事国もこのなかに5カ国含まれている。
　拷問器具の足かせ、足錠、親指ねじ締め責め具、手錠に鞭、これらはまるで中世のことのようだ。そして近年、電気ショック技術を使ったものが飛躍的に増えた。
　拷問者たちは電気ショック器具を使うことを好む。それは拷問の証拠になるような痕跡がほかの器具より残りにくいと考えるからだ。ロベルト（仮名）は1991年、ザイール（現在のコンゴ民主共和国）で国家治安部隊に逮捕された。彼は最初こん棒で殴られたが、将校がそれを止めた。「それだと痕が残って、アムネスティから非難されるだろう」。そして将校は電気ショック棒を使えと命じた。
　「彼らは電気ショック棒で首筋と性器を痛めつけました。それはとてもひどいもので、今こうして話していても首筋が痛くて頭をまっすぐにしていられません。こういう道具を作った人は、自分の体で試していないから、どんなに痛いか知らないのでしょう。他人が苦しんでもお金が儲かればいいのでしょう」
　その後10年近くたった今、拷問を禁止する国際条約が数多くあるにもかかわらず、高電圧の電気ショック器具は世界中で使われ続けている。1990年以来、電気ショック器具による拷問・虐待は、アルジェリア、アンゴラ、インド、インドネシア、サウジアラビア、スリランカ、トルコ、フィリピン、米国、メキシコ、ユーゴスラビア、ロシアなど少なくとも58カ国から報告されている。20カ国以上で特別に人間に使用するために作られた手のひらにのる大きさの電気ショック棒が使われている。
　電気ショック技術は1970年代米国で開発され、売り上げでは今でも米国が世界をリードしている。アムネスティの調べでは、米国の78社が電気ショック器具を製造、販売している。電気ショック技術は電気ショック盾、棒、銃など様ざまな商品を生み出し、ワイヤーにつながった釣り針状の矢を発射し、遠くからでもショックを与えられる武器（テーザーガン）まである。
　最も忌まわしい進展を遂げたのは、スタンベルトである。拷問される人はこのベルトを身に付けさせられる、ときには何時間も続けて。最長約90メートル

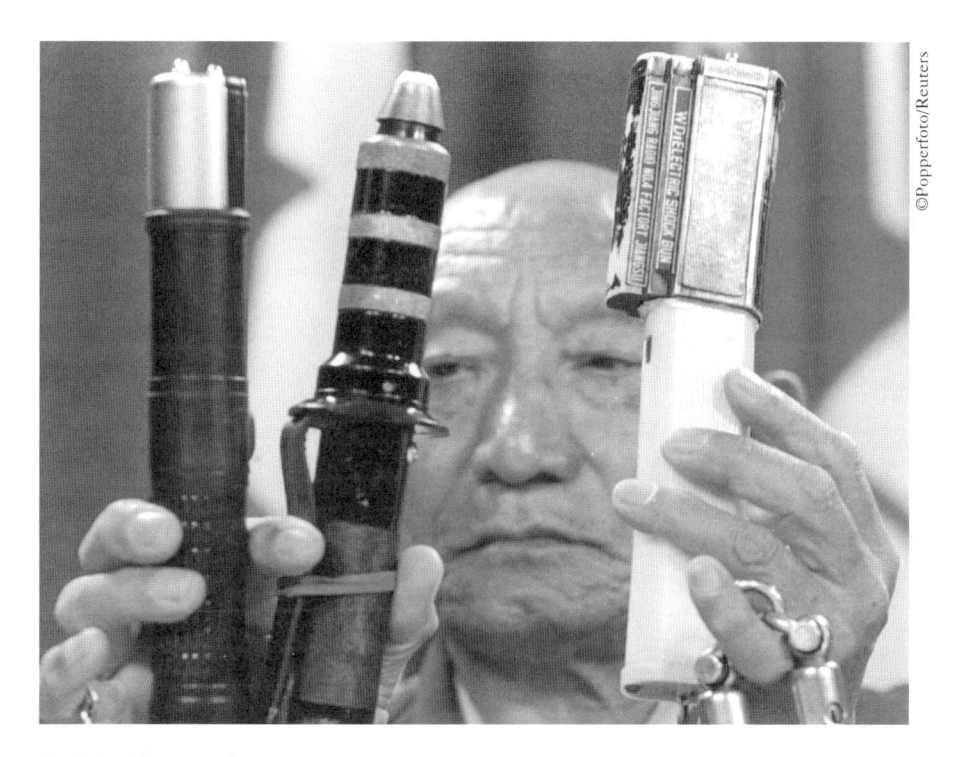

第4章 拷問との闘い——行動のための覚書

©Popperfoto/Reuters

「家畜用の電気ショック棒——これは、本当に最悪です。彼らはこれを人間の身体に使います。このボタンを押すと、全身にショックが走ります。……彼らは私の身体に四六時中これを使いました。私が独立のために声をあげ、そして声をあげることを決してやめない決意をしていたからです」。中国の監獄と労働教養所で33年間を過ごしたチベット僧パルデン・ギャッツォが、自分が拷問を受けたときに使われたものと同じ型の電気ショック器具を示している。

離れたところからでも、スイッチを押すと5万ボルトのショックが8秒間続けて犠牲者を襲う。初めの2、3秒間は無感覚に近い状態、それから激しい痛み、8秒間痛みは強化されていく。1996年、米国でこの拷問を受けたウェンデル・ハリソンは「長い針を背骨を通して頭蓋骨下部まで差し込まれたような痛み」と述べている。2年後でも彼は悪夢におののき、不眠に苦しんでいる。スタンベルトは囚人を拘束するために米国で広く使用されている。アムネスティはスタンベルト着用が引き起こす精神的苦痛とショックへの恐怖それ自体が残虐で非人道的であり、人間の尊厳を傷つけるものだと考える。それゆえに、とくにこのベルト使用を即刻禁止するよう求めている。2000年5月、拷問禁止委員会は、米国政府に対し「電気ショック・スタンベルトを廃止する」よう勧告した。

電気ショック拷問を受けたときの症状は、激痛、筋肉制御の喪失、吐き気、けいれん、失神、失禁など多様である。筋肉が硬くなり、歯や毛髪への長期にわたる悪影響、また精神的な障害を負い、重いうつ病や性的不能に陥る危険も報告されている。

　このような拷問器具の輸入国における人権状況の記録について、さらにアムネスティは懸念を大きくしている。1998年4月、タイム誌に発表された米国商務省の調査によれば、「過去10年間、船荷12隻分のスタンガンとショック棒をサウジアラビアに輸出することが認められてきた」。サウジアラビアは電気ショック拷問が報告されている国である。

　電気ショック技術は米国で始められたが、現在では全世界的な産業になっている。アムネスティの調査では過去10年間に電気ショック器具を製造、販売、広告宣伝した会社は22カ国、120以上の会社に及んでいる。1995年、スコットランドのICLテクニカル・プラスチック社の経営首脳は、1990年に電気ショック棒を中国に売ったことを認め、「中国人はわが社の製品を真似したかったのだ」と述べた。中国は現在、電気ショック棒を大量に生産し、インドネシアとカンボジアに輸出している。この2国内での電気ショックによる拷問をアムネスティは記録している。電気ショック拷問を受けたインドネシアの政治活動家ピウス・ルストリラナンは、1998年2月に、「私は手と足に、途中でバッテリーを換えなければならないほど長時間、電気ショックを受けました。私はすっかり弱ってしまい、彼らの望むように話をしてしまいました」と語った。

　こうした容易に拷問に使える武器が広まる危険性がはっきりしているにもかかわらず、政府はほとんど貿易規制をしていない。アムネスティは電気ショックが与える影響について、独立した立場から、医学的な調査が行なわれるまで、電気ショック器具の製造、販売、使用をただちに差し控えるようキャンペーンを続ける。

　武器や治安関連器具の輸出入には各国で、また国際的に厳しい規制が必要である。こうした武器を利用して、人権を侵害する恐れのある国への武器や訓練、要員の移転を防ぐために、規制は明確で、詳細にわたり、そして包括的でなければならない。

　ケニアでは、平和的に民主化を求める活動家たちを警察官が街頭から追い払うのに、催涙ガス、こん棒、プラスチック弾、高圧放水銃を使う。1997年7月

第4章　拷問との闘い──行動のための覚書

には、ケニア準軍事警察がナイロビにある英国国教会系の大聖堂を攻撃した。初めに催涙弾を発射し、警棒を振るいながら進んだ。なかに隠れていた100人ほどの改革推進支持者たちは重傷を負い、血を流したまま放置された。負傷した者の数はさらに大きい。アムネスティはこのとき使用された催涙弾とプラスチック弾の一部を入手し、英国製であることを突き止めた。

　アムネスティ会員は行動を起こし、英国政府と関係会社に、抑圧に使われる武器を売らないよう要求した。それを受けて英国政府は、人権への配慮を理由に、ケニア警察への警棒や催涙ガスなど治安関連器具150万ポンド分の輸出申請を許可しなかった。1999年6月、ケニア民主化を求める平和的なデモ参加者2,000人が、騎馬警官によって攻撃された。警官は棒でデモ参加者を殴り、群集に向けて催涙ガスを発射した。そして警官は逃げ場を失った群集に向け、水と催涙ガスを高圧放水銃で浴びせた。このときの催涙ガスはフランス製であった。ケニア当局は、人権抑圧のための道具を別の供給先から入手したわけである。

拷問から逃れてくる人びとを守るために

　拷問は世界中で行なわれているが、拷問から逃れてくる人びとを受け入れる国はほとんどない。世界の1,500万人に上る難民の20から30パーセントは拷問の犠牲者であると思われる(*33)。

　理論上、拷問の恐れがある自国から逃れてきた難民は国際的な保護を受けられることになっている。しかし現実はそれとは程遠い。

　若いスリランカの女性ムトゥタンビィ・バニタがフランスに保護を求めたが、認められず、1998年10月に送還された。帰国と同時にスリランカ警察に拘禁され、一時釈放されたが、すぐ再逮捕された。母親がコロンボのコタヘナ警察署に彼女を訪ねると、彼女は鉄パイプで殴られ、トイレに行けないために脚がむくんでしまったと語った。また弁護士の面会があった後には、顔を平手打ちにされ身体中を殴られた。そして、弁護士に訴えると、逆さまに吊るして本当に拷問すると脅された。

　難民に関する国際法から言えば、彼女は送還されずに保護されるべきであった。1951年の国連「難民の地位に関する条約（難民条約）」と1967年の同条

イラン

アクバル・モハマディは1999年7月、テヘランで学生と治安部隊が衝突した際に逮捕された。彼は2000年3月にエビン刑務所に移送されるまで、情報省の管轄下で隔離拘禁されていた。

拘禁中に彼は手錠をかけられ、宙吊りにされ、足の裏を電気ケーブルで殴られた。報告によると、看守は容疑を認めさえすればいいんだと言いながら、彼が意識を失う寸前まで拷問を続けたという。

秘密裁判で死刑を宣告された後、アクバルは司法府代表マハムード・ハシェミ・シャハルディに、拘禁中にひどく殴られたと手紙を書いた。その手紙は、いくつかのイランの新聞に公表された。

©Student Movement Coordination Committee for Democracy in Iran

アクバル・モハマディ

アクバルは拘禁中に抗議のハンガー・ストライキを行なって腎機能不全になったと言われている。刑務所の医師は病院での治療を勧めたが、認められなかったとの報告がある。

アクバルは1999年7月、学生と治安部隊との衝突で逮捕された数百人の一人である。最終的に衝突にまで発展したこの事件の発端は、7月8日、日刊新聞『サラーム』の発刊禁止に抗議する学生たちが大学寮の外に集合して始めた平和的なデモであった。学生たちは攻撃的な勢力であるアンサーレ・ヒズボラの武装メンバーに攻撃された。現場にいた治安部隊は学生たちを守ろうとはしなかった。

数時間後には、治安部隊とアンサーレ・ヒズボラのメンバーは、学生たちを力づくで学生寮に押し返し、この際に少なくとも一人が死亡、数百人が負傷したと報告されている。この後、デモは劇的に拡大し、暴力も激化し、不穏な情勢は地方都市にも広がった。

1999年7月8日、治安部隊を指揮していたファルハド・ナザリ准将と警官19人が、学生寮へ突入したことに関連して起訴された。2000年2月に始まった裁判で、学生数人が、警官と自警団に情け容赦なく攻撃されたと証言した。

アクバルの兄マヌケハル・モハマディはかつて、不穏活動を展開したとして起訴され、後にイラン国営テレビのなかで「反革命分子」に関わったと自白させられており、そのためにアクバルが標的にされ、逮捕されたと思われる。

アクバル・モハンマディは、1999年9月、テヘランの革命法廷の秘密裁判で死刑宣告を受けたと報告されているが、この裁判手続きは公正な裁判の国際基準を満たしていない。報告によるとこの判決は最高裁判所でも支持されたが、イラン・イスラム共和国の最高指導者命令で、15年の刑に減刑された。

第4章　拷問との闘い──行動のための覚書

約議定書の定義によれば、深刻な人権侵害の恐れがある場合、強制送還してはならない（ノン・ルフールマンの原則）。難民条約は「迫害を受けるおそれがあるという十分に理由のある恐怖」を有する人を保護する。それは、その迫害が非政府主体によるものであってもこの原則は適用される。そして、拷問・虐待は、まさしくこの迫害にあたる。

難民条約以外にも、拷問の恐れがある国への送還から人びとを守る国際人権条約がある。拷問等禁止条約は、拷問を受ける恐れがあると十分考えられる国への追放、送還、引渡しを明確に禁じている。難民条約では過去に重大犯罪を犯した人などを保護から除外しているが、拷問等禁止条約のもとではどのような人であれ、拷問を受ける恐れがある場合送還してはならない。

首尾よく自国を脱出でき、難民としての保護を求めた場合、認められるか否かは受け入れ国の決定にかかっている。そして最近、難民に保護を与えようとする政府が急激に減ってきている。多くの政府は難民をできるだけ国境から遠ざけようとし、また彼らを乱暴に扱って、保護を求めることをあきらめさせようとしている。これまで積極的に難民を受け入れてきた国も受け入れに消極的になった。これは難民保護の責任と費用をわかち合おうとしなかった国際社会の過ちが原因だ。多くの国が難民条約の解釈を狭め、拷問を逃れてきた人びとはその迫害者のもとに追い返される結果を招いている。

難民認定を却下された人びとのなかには、拷問禁止委員会に訴えた人もある。この委員会では専門家が拷問等禁止条約の履行状況を監視している。例えば、ザイール（現コンゴ民主共和国）の野党党員ポーリーヌ・ムゾンゾ・パク・キソキはスウェーデンに難民申請をした。彼女は1年以上拘禁されていたザイールの刑務所から逃げてきたこと、そこでは10回以上強姦され、タイヤから作った鞭やこん棒でいつも殴られ、煙草で火傷を負わされたことを述べた。スウェーデン当局は彼女の話は矛盾しており一貫していないとして受け入れず、ザイールの状況は改善されており、彼女を送還できると主張した。拷問禁止委員会は1996年に、「帰国すればまだ拷問される恐れがあり、スウェーデンは送還すべきではない」と結論を出した。委員会は「拷問の犠牲者の話が完璧に首尾一貫していることは稀である」(*34)と述べた。NGOの力強いキャンペーンの末に、スウェーデン政府は滞在を許可した。

拷問禁止委員会は、難民申請が認められなかった人のうち少数は保護でき

るが、これは決して公正で十分で満足できる難民申請手続きの代わりにはならない。1990年11月から1999年9月までに、委員会は34のケースについて見解を発表した(*35)。世界中で百万人以上が保護を求めているが、委員会が請願を受けられるのは、拷問等禁止条約の個人通報を認める第22条の受諾宣言をした国に難民申請した人びとだけである。

　人権侵害を逃れてきた難民は、国から出ようとしたことによって、一層の危険に直面することが多い。ビルマ（ミャンマー）の少数民族であるカレンの人びと約1,100人が、1997年、ビルマの治安部隊に家を壊されたために移転を強いられて、タイに逃れてきた。タイ当局は彼らに帰国を命じ、タイ軍兵士は彼らを蹴ったり、銃の台尻で殴ったりしながら、避難所から引きずりだした。混乱の真っ只中で、生後3日目の乳児が地面に落とされ、首の骨を折って死亡している。

　「安全な」国にたどり着いた難民たちも、決して安全とは限らない。多くの国は難民保護の義務の遂行に消極的な態度を示し、難民としての保護を求める人びとの人権を侵害し、難民申請を取り下げさせようとし、将来、難民としての保護を求める可能性のある人びとをあきらめさせようとしている。難民としての保護を求める人びとの拘禁は避けるべきであるという国際基準を省みずに、多くの国で拘禁されている。虐待に近い拘禁状況も珍しくない。非衛生的で過密な監房、手錠をかけられ、囚人と一緒に拘禁され、身体的、性的攻撃にさらされており、悲惨な状況に抗議するハンガーストライキや自殺が増加している。

　拷問は全世界で行なわれ、男性も女性も子どもも、みな拷問を逃れ安住の地を探し続けている。彼らを守るための努力は拷問に反対する闘いの重要な要素である。

医療専門家と拷問

　第二次世界大戦中の組織的かつ大規模な拷問に医師が加担したことは、一般の人にとって、また医学関係者にとっても、たいへん衝撃的であった。今後決してそのような残虐行為を許してはならないという決意こそが、世界人権宣言と医療倫理の国際基準を発展させる推進力であった。1949年、世界医師会

第4章　拷問との闘い──行動のための覚書

> **医学的証拠の収集──イスタンブル議定書**
>
> 　拷問に反対する闘いにおいては、正確で詳細な情報が不可欠である。拷問の犠牲者の申し立てを立証し得る、信頼に足る書類がなければ、政府が真実を隠し、責任を逃れることを許すことになる。イスタンブル議定書(*36)と呼ばれる、「拷問およびその他の残虐な、非人道的なまたは品位を傷つける刑罰の調査と証拠資料提示のためのマニュアル」は、拷問の医学的証拠の収集および資料作成の指針を提示している。イスタンブル議定書は、15カ国の法医学者、医師、弁護士、人権監視活動に携わる者により起草され、1999年に採択された。
>
> 　この議定書は、個人から出された拷問・虐待の申し立ての評定や調査結果を司法関係などの機関に報告する方法について、詳細な医学的法的指針を述べている。このマニュアルに示された証拠資料作成方法は、一定の範囲の医学的手続き、心理学的手続き、鑑識手続きについて記されている。また国が拷問の申し立てを調査する場合、対処すべき最低限の基準も提示している。「拷問およびその他の残虐な、非人道的なまたは品位を傷つける刑罰についての資料作成原則」が国連(*37)によって採択され、出版された。これは、拷問の申し立てについての医学的調査の枠組みを示している。この議定書はNGOの拷問反対活動にとっても指針となり、公的機関による調査を評価する基準を提供している。

は、医者の義務は患者の治療であって、決して患者を傷つける目的で医療を施してはならないとの国際医療倫理綱領を採択した。以後、世界医師会、世界看護婦評議会、世界精神科医師会など、多くの組織が医療関係者の拷問への加担を禁止する倫理綱領を作り上げた。1982年、国連は、拷問およびその他の残虐な、非人道的なまたは品位を傷つける取り扱いまたは刑罰から被拘禁者および被抑留者を保護するための、保健要員とくに医師の役割に関係のある医療倫理の原則を採択した。

　数多くの国の保健医療関係団体は拷問反対の立場をとっている。チリとトルコでも、医師が拷問に加担したとの申し立ての調査に、医師会が加わった。両国の近年の歴史において、医療関係者はとりわけ困難な問題に直面していた。チリ医師会は、1980年代初めに独自に会長を決定する権限を再び持てるようになるまで、10年近くのあいだ、会長は政府選任だった。その間、医師会の記録によると「治安部隊が管轄する拘禁施設での拷問・虐待に医師が立ち会った」という報告を否定してきた(*38)。1980年代以降、チリ医師会は医師が囚人を扱う場合の明確かつ詳細な指示を含む独自の倫理綱領を作成している。ト

ルコでは、医師会の常任理事の6人が1985年、政府に医師を死刑執行の任務から外すことを要求する文書を書いたため、長期間にわたって裁判中である。1986年に起草されたトルコ医師会の倫理綱領では、死刑執行に立ち会ったり、拷問に関わることを禁止している(*39)。医師会は、トルコでの拷問に医師が関係した罪を率直に認め、国際倫理基準の促進に熱心に取り組んでいる。

拷問被害者への支援

「拷問を受けた者がみな生き残って、自身の辛い体験を明かせるわけではない。私たち、生き残った者の多くにとって、生きていくことは拷問そのものより辛いこともある。拷問の影響は私たちの生活のあらゆる面に残る。私たちだけでなく家族も、地域も、そして社会も、この犯罪の犠牲者である。
「生き残った者は毎日を恐れと絶望と不信で迎える。しかし不思議なことに、希望もそこにあるのだ。その希望こそが、現在も続く拷問と対決する力を与えてくれる」。
(拷問廃止と被害者支援連合、2000年5月)

　1970年代に拷問が広範に行なわれた南アメリカでは、保健医療関係者の組織が強固で、政治にも関心があって、犠牲者を医学的、心理学的に支援する地元のグループが設立された。こうした実際的な援助は、多くの場合、抑圧的な条件のなかで遂行されなければならず、しばしば援助する人を重大な危険に巻き込むことがある。同時に、精神的に痛めつけられた数千人もの難民が、北アメリカやヨーロッパにもやってきた。母国を離れて暮らす共同体にも保健医療専門家がいて、地元の活動家とともに、難民たちの必要に応えて働いた。1974年にデンマークで始まったアムネスティ医療関係者グループは、牽引車のような役割を果たし、2、3年のうちに4,000人以上の医師が参加して、34カ国でアムネスティ医療関係者グループが形成された。
　最近25年間、この分野での発展は目覚ましく、現在すべての大陸で200以上の治療グループが、拷問犠牲者への専門的治療にあたっており、拷問の精神的、身体的後遺症の研究に多大な貢献をしている。

第4章　拷問との闘い――行動のための覚書

「私たちは様ざまなリハビリのモデルを作り、それは多くの施設やプログラムで取り入れられている……重要な点は、拷問の犠牲者は病気なのではなく、おぞましい体験に当然の反応をしたのだと考えることだ」。
(1999年、拷問被害者のための国際リハビリテーション会議(IRCT)事務総長インゲ・ケンプ・ゲネフクの言葉)

紛争のトラウマを克服する助けとするための役割演技(ロール・プレイ)治療を受けている、
ルワンダの孤児施設の子ども。

拷問犠牲者に対する、これらのグループの支援は、身体的外傷の治療やリハビリだけではない。看護婦、医者、理学療法士、心理学者など多くの分野の専門家が参加している。治療施設では、拷問の犠牲者が、自らの安全を確信し、自身の体験を他人から信じてもらえる環境のなかで、悲しみと怒りを語ることができる場所なのである。

あるイラク人がロンドンにある拷問犠牲者のための医療財団を訪れ、頭痛と背中に痛みを訴えた。彼はとくに火曜日に自殺したくなるという。火曜日は彼にとって耐えがたい日である。治療をしているうちに彼は、息子と兄弟が火曜日に処刑され、それを見ていることを強いられたということを明かした。息子にキスしたいと言ったとき、彼はひどく殴られた。彼の治療の一環として、

火曜日には、息子のこと、息子と一緒に何をしたか、どんな様子だったかを、一人で考えて過ごすことがリハビリ・プログラムに取り入れられた。罪悪感と無力感を自分自身に向けるのは間違いであること、自分が何をしても息子を救うことはできなかったということ、そして今や息子の記憶を安らかな眠りにつかせることが自分にはできるのだということ、これらを認める闘いにとって、この方法は重要なステップであった(*40)。治療にあたる者にとっても、拷問犠牲者にとっても、治療の行程は旅路に似ており、創造的でなければならない。――巧妙な拷問方法を考える拷問者に匹敵するくらいに。

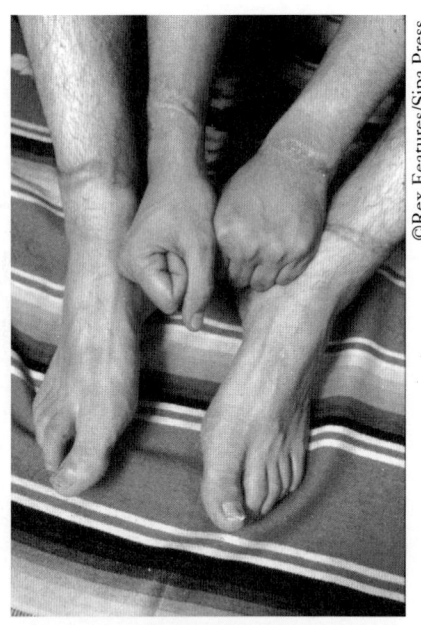

トロントにある
カナダ拷問調査および防止のための施設で、拷問被害者が手首と足首に残された傷痕を見せている。手かせや足かせ、ロープなどの拘束手段は、重度の潰瘍などの合併症を引き起こすことがある。

「私は、自分の生きがいは何もないと思っていました。もうすべてを投げ出すところでした。恐ろしい体験をして、私はすっかり落ち込んでいました。私に、闘えと励ましましたのは、協会の職員の方でした。もし私が闘いをやめれば、拷問者の勝利になるのだと私に悟らせてくれました」。(ケニヤの拷問被害者の言葉)(*41)

勧告――拷問廃止のための29ヵ条

　拷問をやめさせるために人びとは共通の責任を負っている。以下の勧告は政府に向けられたものが多い。それは政府が、人権を尊重し保障する義務と、そのための手段を有するからである。しかし、NGOも、様ざまな分野の専門家たちも、一般の人びとも、みな大切な役割を担わなければならない。
　どうしたら拷問がなくなるだろうか。それは各国の法律を変えるといった単純なことではない。拷問・虐待のほとんどはすでに違法とされている。違法で受け入れがたい拷問の事実を、より大きな観点から捉えなければならない。

第4章　拷問との闘い——行動のための覚書

政府組織も市民間でも、絶えず見張っていること。拷問が存続し得ないように改革すること。もし拷問が起きたら、それに対し世論と当局からの強固な対応、その拷問者が二度と繰りかえさないように、またほかの者が同じ過ちを犯さないように、強固な対応策が取られること。そうすれば、やがて拷問は存在し得なくなり、地球から拷問が撲滅されるのも間近と言えるようになるだろう。

以下の勧告は、アムネスティの拷問廃止キャンペーン「拷問を止めよう」でクローズアップした点を反映している。キャンペーンが目指したのは、3つの互いに関連しあう領域での前進である。それは、①拷問防止、②差別との対決、③免責の克服である。

拷問の防止

拷問防止のために各国政府は国際法のもとで、いかなる状況でも拷問・虐待を受けない自由を保障し、尊重する義務を負う。

1　政府の最高責任者は、いつでも、どのような形であれ、拷問は悪であることを表明すべきである。そして、治安部隊員や警察官、また司法関係者に対し、拷問は決して許されないことを徹底しなければならない。武装勢力の指導者も、拷問は許されないことをその構成員に徹底しなければならない。

2　拷問等禁止条約などの国際基準に従って、拷問禁止を法律で明言すること。各国はまた、非政府主体が行なう拷問に相当する行為を、法が許すことはなく、また免責もしないことを徹底すべきである。

3　オピニオンリーダーの役割を担う人びとと、専門家(組織)、そして一般市民もまた、拷問をしてはならないと政府に圧力をかけること。ニュースや娯楽メディアは、拷問を正当化するような、あるいは拷問を許容するようなやり方で、拷問を描くことは控えなければならない。

4　自由を奪われた人びとは拷問・虐待を受けやすい。囚人を守るために必要な方策はよく知られている。アムネスティは公的機関による拷問防止のための12項目プログラムに、政府が取るべき最重要施策をまとめた(巻末付録1参照)。政府は今こそ、この施策を実行すべきである。

5　女性の囚人は男性の囚人と分けて拘禁され、女性看守が担当すべきであ

る。取り調べにも女性職員が立ち会うべきであり、身体検査は女性職員だけでなされるべきである。警官が女性被拘禁者を強姦することは、私的暴力ではなく常に公的機関による拷問とみなされる。

6 子どもは少年司法の運営に関する国際基準に沿って取り扱われるべきである。子どもは大人とは別に収容されるべきである。ただし、子どもにとって大人と分離しない方が適切である場合は除く。

7 当局は、警官や法執行官による被拘禁者の扱いが、拷問等禁止条約、法執行官行動綱領、法執行官による力と火器の行使に関する基本原則に則ったものであるよう徹底しなければならない。

8 政府は、生命に危険を及ぼすような、あるいは過酷な苦しみをもたらすような拘束方法、たとえば首を絞めるなど、を禁止すべきである。足かせ、電気ショック・スタンベルトの使用を禁ずべきである。またその他の電気ショック器具の使用に関しては、その使用による影響についての、厳正で中立な立場からの公正な調査結果が出るまで、使用は差し控えるべきである。

9 刑罰として裁判で科せられる四肢切断刑、むち打ち刑などの身体刑を法的に廃止すべきである。そのような刑罰を実行することは、直ちにやめるべきである。行政機関内での身体刑同様の制裁や学校での体罰もまた、やめなければならない。

10 刑務所、その他の拘禁施設の責任者は、生命を脅かす、あるいは健康を害するような劣悪な施設の状況を速やかに改善すべきである。超過密状態、食糧不足、便所などの衛生施設の不足、酷暑または酷寒の状況のもとでの放置、感染症への無配慮、病人への医療の欠如などもこれに当たる。当局は被拘禁者取り扱いのための最低基準規則に則るよう徹底すべきである。

11 すべての国は国家間通報、また個人通報を認める第21条、第22条の受諾宣言を含めて、拷問等禁止条約を、留保なしに直ちに批准すべきである。いまあるすべての留保は撤回されるべきである。また拷問防止や拷問への罰則を決めた、市民的および政治的権利に関する国際規約、および個人通報を認めている同規約の第一選択議定書など、その他の国際条約を批准すべきである。

12 国連加盟国は、拷問等禁止条約の選択議定書の、できるだけ早期の採択に向け全力を尽くすべきである。この選択議定書は、各国の拘禁施設への立ち入り調査を認めるもので、現在考えられる最強の拷問防止策となる。NGOも

第4章　拷問との闘い——行動のための覚書

自国政府に、この議定書が国連で採択されるために活動するよう要請すること。

13　拷問禁止委員会は、各国の拷問防止の成果について各国代表に投げかけた疑義と、各国政府に対して採択した委員会勧告を、可能な限り効果的なものにしなければならない。また、勧告内容の実施状況を、つぶさに監視すべきである。NGOや報道機関は、委員会のこうした活動を人びとに知らせるために努力すること。政府は委員会および拷問に関する特別報告者の勧告を実施すること。

14　拷問と闘うために活動する人権擁護活動家が、逮捕や攻撃される恐れなく、合法的活動ができるよう保障すること。

15　NGOは、拷問の犠牲者やその家族が、関連条約が犠牲者の国で適用可能な場合には、拷問禁止委員会や自由権規約委員会に対して、また地域的な政府間機構に対して、個人通報ができるように支援すること。拷問される危機に直面している個人の緊急情報を、拷問に関する特別報告者、または女性に対する暴力に関する特別報告者に提訴すること。

16　各国政府は他国で行なわれている拷問の監視や、個々の事例に関しては相手国当局者との仲裁役を果たすこと。法律や現在の運用状況を改めるよう促すなどして、拷問撲滅を自国の外交方針とすること。

17　各国政府は、軍事、治安、警察関連で使用されることを目的とした、器具および訓練の移転によって、拷問が助長されることのないようにすること。

18　各国政府は、非政府主体によるものも含めて、拷問される恐れのある国には、何人も強制送還しないことを保証すること。難民としての保護を求める人びとを拘禁することは、通常の場合には避けること。合法的な拘禁の場合であっても、拘禁状況が残虐な、非人道的または品位を傷つける取り扱いにならないよう保証すること。

差別との闘い

差別と取り組むことは拷問を防止する手だての一つとして、極めて重要である。差別は、拷問・虐待を許し、助長する土壌となる。同時に差別は、すべての人が平等に法的保護を受けるという原則を崩し、拷問を行なった者が容易に免責されるようになる。

19　すべての国は、特定の人びとを拷問・虐待から守るために、女性差別撤廃条約と個人通報を認める同条約の選択議定書、人種差別撤廃条約、子どもの権利条約、すべての移住労働者とその家族の権利の保護に関する国際条約、あるいは地域別の条約を批准すべきである。

20　各国政府は、自国の法律および政策を、前項の諸条約に沿うようにすること。差別撤廃の基本原則に違反する法律は廃止すること。また、前項の諸条約に基づいて設置された監視機関、さらに女性に対する暴力に関する特別報告者や現代的形態の人種主義、人種差別、外国人排斥意識、および関連の不寛容に関する特別報告者などの専門家によって出された拷問防止のための勧告を履行すること。

21　当局は、法執行官に対し、女性に対する暴力防止、子どもの権利、人種や性に基づく差別防止に関するものなどの訓練を含む教育プログラムを徹底すること。

22　当局は、刑事司法制度内で拷問・虐待・差別を受けたという申し立てがあれば、これを厳正に調査し、被害者への適切な補償をするために、法執行官の行動を監督する独立した機構を設置すること。地域組織や被害者支援組織など、関連あるNGOとの効果的な協力システムを築くこと。監視機関は、法執行官による拷問・虐待・差別の申し立てに関して、一定の包括的な資料を整え、公刊すること。

23　各国政府は、拷問に相当するような暴力を含む女性への暴力の、防止、捜査、加害者の訴追および処罰、被害者への補償など、国際的に定められた義務に従うこと。1995年の北京での世界女性会議で各国政府によって約束され、2000年6月の"北京＋5"会議で再確認された、女性への暴力防止に緊急の問題として取り組むこと。

24　各国政府は、子ども、女性、人種的少数者、性的少数者ほか、差別されている人びとを、非政府主体による暴力から保護することを保証すること。第一歩として、そうした暴力を犯罪とみなし、その罪の重さ相応の刑罰を科すこと。効果的な捜査と容疑者の訴追、犠牲者への補償を妨げる障害となるものは除去されるべきである。

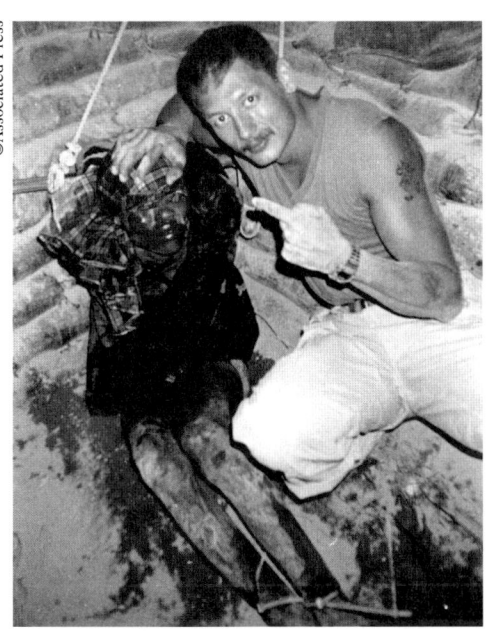

第4章 拷問との闘い──行動のための覚書

カナダ兵によって拷問され殺害された十代のソマリア人の遺体。
カナダ軍の担当地域から発見された。
1994年、7人のカナダ兵が、
1993年に起きたシダネ・アブカル・アローネ殺害への関与で
軍法会議にかけられた。
うち一人は故殺で有罪とされ、5年の刑を言い渡された。1992年から93年の
国連平和維持活動の期間中に
カナダ兵がソマリア人に対して
行なった人権侵害を、カナダ軍の将校が
関与して隠蔽していたという
申し立てが1996年にあった。
この申し立てと、カナダ空挺部隊がソマリアに派遣されていた際に行なったとされる人権侵害の申し立てについて、
調査するための委員会が設置された。
空挺部隊は、民間人のソマリア人
に対する拷問、殺害に関与したとして、
部隊は解散された。

免責の克服

政府は、拷問の責任者を裁判にかけること、そのために広く協力することを国際法で義務付けられている。拷問加害者が責任を問われなければ、拷問は続き、犠牲者の権利は否定され、法の支配は後退する。

25 拷問の責任者を裁判にかけること。拷問の申し立て、報告は速やかに、公平に、公正に、徹底的に調査すること。充分な証拠がある場合、被疑者を起訴すべきである。裁判手続きは、公正な裁判の国際基準を満たすものであること。有罪となった者は罪に相応する死刑以外の刑罰を受けるべきである。死刑はそれ自体が人権侵害である。民事訴訟や懲戒処分は、補足的なものとして使われるべきである。

26 拷問の犠牲者は、リハビリ、補償、復権、拷問は2度と繰りかえされないという保証を受ける権利がある。各国政府は、犠牲者が、現に在住する国において、専門家による治療を受けられるよう保証すること。また、拷問犠牲者が、公正で十分な補償を受ける強制力のある権利を持つことを保証すること。拷問で死亡した者の扶養家族もまた、補償を受ける権利を有する。

27 拷問の犠牲者とその家族が、彼らが受けた苦痛の補償のために司法を活用することが可能であるようにしなければならない。彼らには補償を求める権利があることを知らせなければならない。強姦や性的虐待を含む拷問・虐待を受けた女性の犠牲者には、救済措置と補償への特別な配慮がなされるべきである。

28　各国は、自国領内の拷問の被疑者の、公正な裁判の基準に則った、しかも死刑を科すことのない裁判を、自国内の法廷で行なうか、または、そうすることが可能でかつその意思のある他国へ送還することを可能にするために、国内の法廷が普遍的管轄権を行使できるよう法制度を整えること。拷問を行なった疑いのある者は、どこにいようとも、どの国の国籍であろうと、どんな地位にあろうと、また犯罪が行なわれた場所、被害者の国籍を問わず、さらに拷問の実行からどれほど長い年月が経過していようとも、裁判にかけられなければならない。

29　各国は国際刑事裁判所設置規程を批准し、この効果的実施のために国内法を整えるべきである。

拷問を止めよう
アムネスティ・インターナショナルの「拷問廃止キャンペーン」

史上3度目のキャンペーンが目指すもの

　アムネスティが「拷問廃止キャンペーン」に取り組むのは今回が3回目。1973年と1984年に行なわれた過去2回のキャンペーンは、国連における「拷問等禁止条約」の採択など、拷問をなくすための国際的な枠組み作りにつながったと言われています。

　それを経て展開される今回の「拷問廃止キャンペーン」は、21世紀の世界から本当に拷問をなくすために、「ひとりひとりが一歩を踏み出そう！」と呼びかけるものです。

　拷問を禁止するための国際的な仕組みはあっても、拷問・虐待は依然として世界中で報告され続けています。そして拷問・虐待の加害者は、ほとんどの場合その罪を免れています。日本は1999年、ようやく「拷問等禁止条約」に加入しましたが、刑事施設や入国管理施設、警察留置場での処遇や、日本に保護を求める難民申請者が拷問などの迫害を受ける可能性のある地域に送り返されている可能性があることなどが問題とされています。また、絶対的な力関係・従属関係のなかで起こる暴力・苦痛——女性に対する暴力や子どもへの虐待、人種差別に基づく暴力——も「拷問・虐待」という視点で捉える必要があるにもかかわらず、それらの被害者は従来の「拷問」の概念では十分に保護されてきませんでした。そういった視点から、アムネスティは、キャンペーンを通じて次の12項目をさまざまな形で各国政府に求めていきます。

　1　拷問を非難する……各国の政治指導者は、拷問、その他の残虐な、非人道的なまたは品位を傷つける取り扱いが許容されないことを明らかにすること。

　2　拷問の発生を予防する……各国政府は拷問からの自由を保障する責任がある。アムネスティ・インターナショナルによる「拷問禁止のための12項目プログラム」に掲げられている内容を含め、拷問を予防するための措置が取られなければならない。

　3　調査と加害者の裁判……拷問に関するすべての報告は、迅速かつ効果的に調査されなければならない。拷問行為のすべての責任者は、どこにいようとも法の裁きにかけられなければならない。

　4　被害者への救済措置……拷問に苦しんだ人びとは、賠償や社会復帰を含む、十分で時宜にかなった補償を受ける権利を与えられなければならない。

オーストラリアでの
アムネスティのキャンペーン活動より。
「Torture Free Zone（拷問禁止ゾーン）」
と記された、黄色と黒色のテープを
使ったパフォーマンス。

5　女性に対する暴力をなくす……各国政府は、拷問を含むあらゆる形態の女性に対する暴力と闘わなければならない。

6　差別に立ち向かう……各国政府は差別と、一般の人びとによる人権意識の不足を含む、拷問の原因となる他の要素と闘わなければならない。

7　子どもを保護する……各国政府は子どもを保護するための特別な措置を取らなければならない。

8　拷問防止のための教育・訓練……警察官や刑務官、軍は、拷問行為に反対する意識を持つよう、教育・訓練されなければならない。

9　残虐な懲罰を禁止する……拷問・虐待に相当する合法的な刑罰は廃止されなければならない。

10　拘禁施設における適正な処遇を保障する……拘禁施設における処遇は、被拘禁者の処遇について定めた国際的な基準に違反してはならない。

11　難民を保護する……拷問を受ける危険のある国に強制送還しないこと。

12　条約を批准する……すべての政府は、個人通報制度や国家通報制度の受諾を含め、国連の拷問等禁止条約を批准すべきである。

日本では、どうするか？
——身の回りから、そしてアジアに、「拷問廃止ゾーン」を作ろう

　ある統計によれば、「日本で拷問・虐待が行なわれているか？」という質問に対し、日本に住む約6割以上の人びとが「分からない」と答えています。その意味で、日本でのキャンペーンでは、「拷問・虐待は現代の問題であり、そして犯罪行為であり、いかなる場合にも許されてはいけない」というメッセージをより多くの人に伝えることが大切でしょう。そして、多くの人に身の回りの暴力

と、「拷問・虐待」を結びつけて考えるきっかけを提供し、それをなくすための行動を呼びかけたいと思います。その上で、①日本を含むアジア各国に焦点を当て拷問廃止のための取り組みを推進し、②拷問の加害者は裁かれなければならないことを訴え、③世界各国の拷問被害者の支援を促進するために、さまざまな活動を展開します。アジアにおける人権の伸長という観点から、日本に住む私たちにできることを考えるのも重要な視点です。

「あなたにもできる7つのこと」を呼びかけます

一人でも多くの方が、「自分にもできること」をすることが拷問の廃止につながります。以下の行動を通じて、拷問廃止のための「一歩」をともに踏み出しませんか?

① 拷問・虐待の事実を知って、伝えて下さい——出版やウェブサイトを通じて伝えられる世界の拷問の実態についての情報にアクセスして、それを広めて下さい。

② アピールケースで拷問廃止のアピールを——世界各国の拷問の事例を紹介し、個々のケースについて改善を求めるアピールハガキのついたアピールケースを作成・配布します。

③ 身の回りから「拷問禁止ゾーン」を作ろう——「拷問・虐待を許さない!」というメッセージを示す黄色と黒の斜め縞模様のビニールテープを世界中で配布します。テープには「Torture Free Zone(拷問禁止ゾーン)」と記されています。テープを身の回りに貼って、視覚的にアピールしましょう。

④ 署名活動にご協力を——日本国内の状況改善を求める署名活動を行ないます。代用監獄の廃止や、難民認定制度の改善、拷問・虐待を調査するための第三者機関の設置などを日本政府に求めましょう。

⑤ 拷問被害者支援のための募金にご協力を——拷問被害者は、より十分な医療・精神面でのケアを必要としています。拷問被害者を支援するための募金を呼びかけます。

⑥ 「緊急行動(UA)ネットワーク」に参加しよう——今、そこで起きている拷問・虐待を止めるために、国際的なネットワークに参加してください。登録すると月に二度ほど、「緊急行動要請」が届きます。

⑦ その他全国で展開されるイベント、企画に参加してください——キャ

ビルマ（ミャンマー）、インドネシア、チベットから来日した拷問の被害者とともに、アムネスティの活動家たちが東京都内のビルマ大使館前をテープで取り囲んでいる。

ンペーン中には、拷問の被害者や拷問被害者の支援活動に従事する方々を日本に招いての講演会や、拷問廃止を訴えるチャリティ・ウォークなど、全国規模で開催されるいろいろなイベント、企画が予定されています。お近くの催しに、是非ご参加ください。また、「拷問廃止」をテーマにしたワークショップのあっせんや、アジアへのスタディ・ツアーなども検討されています。

キャンペーンへの参加方法は……

○キャンペーン参加キットを申し込んでください。
「あなたにできる7つのこと」を詳しく紹介し、すぐに情報を得て行動を起こせるキットを準備しています。アピールケースや各種資料がセットになっています。
○電子メールを通じての情報提供も行ないます。
電子メールの本文に「拷問廃止キャンペーン情報提供希望」と書いて、アムネスティ日本まで送ってください。
○ウェッブサイトを通じてもキャンペーンに参加できます。
URL（日本語）　http://www.amnesty.or.jp/stoptorture/
URL（英語）　http://www.stoptorture.org/

付録1：アムネスティ・インターナショナル
拷問禁止のための12項目プログラム

　拷問は人権の根本的な侵害であり、国連総会で人間の尊厳の侵犯であると非難され、国内法と国際法のもとで禁止されている。しかし、拷問は存続している、日常的にそして世界中で。アムネスティの経験では、法律で禁止しても拷問はなくならない。拷問およびその他の残虐な、非人道的なまたは品位を傷つける取り扱いまたは刑罰がどこで起ころうともそれに立ち向かうために、そしてそれらを完全に廃絶するために、迅速な前進が必要とされている。

　アムネスティ・インターナショナルは、拷問禁止のために以下の12項目プログラムを実施することをすべての政府に要請する。また、関心のある個人や団体がこのプログラムの促進に参加するよう訴える。このプログラムを実行することが個々の政府の拷問を廃止しようという決意、そして世界中の拷問を廃止することに貢献しようという意志を示すものと、アムネスティ・インターナショナルは信じている。

1. 拷問に対する公式の非難と禁止
　すべての国の政府の最高責任者は、拷問に対して無条件に反対するとの自らの見解を表明すべきである。すべての法執行官に対して、拷問はいかなる状況においても容認されないことを明らかにすべきである。

2. 隔離拘禁の制限
　拷問は、犠牲者が、彼らを援助したりその状況を明らかにすることのできる外部の人びとの接触を完全に断たれた状況、すなわち隔離拘禁中にしばしば発生している。政府は、隔離拘禁を拷問の機会として用いさせないよう確実な保証措置を採用すべきである。すべての囚人に対して投獄後すみやかに司法手続きを開始するとともに、近親者や弁護士および医師が彼らと即時、かつ定期的に接触し得ることが、何よりも肝要である。

3. 秘密拘禁の禁止
　いくつかの国では、犠牲者が「失踪」した後、実際には秘密裏に拘禁されて、しばしば秘密収容所で拷問が行なわれる。政府は、囚人が正規に認められた場所で拘禁されること、および彼らの消息に関する正確な情報を近親者や弁護士に伝えることを保証すべきである。

4. 尋問中および拘禁中の保証措置
　政府は、拘禁や尋問の手続きを定期的に見直さなければならない。すべての囚人は、処遇について申し立てを行なう権利をはじめ、彼らの権利について拘禁後直ちに知らされなければならない。また独立した機関による拘禁施設の定期的な査察が行なわれなければならない。拘禁機関と尋問機関との責任を分離することは、拷問を防止するための重要な保証措置であると考えられる。

5. 独立した機関による拷問に関する情報調査
　政府は、すべての拷問に関する申し立ておよび情報を公正かつ効果的に調査するように保証すべきである。このような調査結果は公表されなければならない。また申し立てをお

こなった者や証人は、脅迫から保護されなければならない。

6.拷問による自白の採用の禁止
政府は、拷問によって得られた自白およびその他の証言が審理手続きにおいて採用されることのないように保証すべきである。

7.法律による拷問の禁止
政府は、拷問が刑法上の犯罪であることを保証しなければならない。国際法に基づき、拷問は戦争状態およびその他の緊急事態を含めたいかなる状況においても、禁止されなければならない。

8.拷問の容疑者の訴追
拷問の行使に責任あるものは裁判に付されなければならない。この原則は、これらの責任者の居住地や、拷問の発生場所、そして拷問の執行者や犠牲者の国籍に関係なく、適用されるべきものである。拷問を行なったものに対して、「安全な非難場所」などあってはならない。

9.研修・教育措置
囚人の拘禁や尋問または処遇に関わるすべての関係職員に対し、研修・教育の場所を通じて、拷問は犯罪行為であることが明確に伝えられなければならない。また、拷問の命令に対しても彼らは拒否する義務を負うことが教育されなければならない。

10. 補償と社会復帰
拷問の犠牲者と彼らの扶養家族に対しては、経済的補償を得る権利が認められるべきである。犠牲者には、適切な医療と社会復帰のための措置が与えられなければならない。

11. 国際的な対応
政府は、拷問で告発された政府に対して働きかけるために、利用できるあらゆるルートを用いるべきである。そのための政府間組織を設置し、拷問に関する情報に対して直ちに調査を行ない、また有効な対抗措置を講じるべきである。政府は、(他の国に対する)軍、治安機関、または警察力の移送や訓練が、拷問に用いられないよう保証すべきである。

12.国際諸条約の批准
すべての政府は、「市民的および政治的権利に関する国際規約」および個々の申し立てについて規定した同選択議定書をはじめ、拷問に対する保証と救急措置を定めた国際諸規約を批准すべきである。

この「12項目プログラム」は、2000年10月に、アムネスティによって政府管轄の拘禁施設やその他公的機関の管轄下にある人びとに対する拷問・虐待の防止策として採択されたものである。アムネスティは、各国政府には、それが公的な職務上で行なわれようと、私人間で行なわれようとも、拷問を予防し、処罰する国際的な義務があると訴えている。さらに、アムネスティは、武装政治勢力による拷問にも反対している。

付録2：拷問禁止のための国際基準一覧（抜粋）

※（　）内は、略称。〈　〉内は、採択の年。

◇世界人権宣言〈1948〉
　第5条：何人も、拷問または残虐な、非人道的なまたは品位を傷つける取り扱いまたは刑罰を受けない。

◇市民的および政治的権利に関する国際規約（自由権規約）〈1966〉
　第7条：何人も、拷問または残虐な、非人道的なまたは品位を傷つける取り扱いまたは刑罰を受けない。とくに、何人も、その自由な同意なしに医学的または科学的実験を受けない。
　第10条1項：自由を奪われたすべての者は、人道的にかつ人間の固有の尊厳を尊重して、取り扱われる。

◇人権および基本的自由の保護のための条約（ヨーロッパ人権条約）〈1950〉
　第3条：何人も、拷問または非人道的なまたは品位を傷つける取り扱いまたは刑罰を受けない。

◇人権に関する米州条約（米州人権条約）〈1969〉
　第5条2項：何人も、拷問または残虐な、非人道的なまたは品位を傷つける取り扱いまたは刑罰を受けない。自由を奪われたすべての者は、人間の固有の尊厳を尊重して、取り扱われる。

◇人および人民の権利に関するアフリカ憲章（アフリカ憲章）〈1981〉
　第5条：すべての個人は、人間に固有な尊厳の尊重および自己の法的地位の承認についての権利を有する。あらゆる形態の人間の搾取および人格の否認（とくに、奴隷制度、奴隷取引、拷問および残虐な、非人道的なまたは品位を傷つける刑罰および取り扱い）は禁止する。

◇拷問およびその他の残虐な、非人道的なまたは品位を傷つける取り扱いまたは刑罰を受けることからすべての人を保護することに関する宣言（拷問等禁止宣言）〈1975〉
　第3条前段：いかなる国も、拷問またはその他の残虐な、非人道的なまたは品位を傷つける取り扱いまたは刑罰を許可し、または容認することはできない。

◇拷問およびその他の残虐な、非人道的なまたは品位を傷つける取り扱いまたは刑罰を禁止する条約（拷問等禁止条約）〈1984〉
　第2条1項：各締約国は、その管轄のもとにあるいずれの領域においても、拷問行為を防止するために効果的な立法上、行政上、司法上またはその他の措置を取る。

◇拷問の防止と処罰のための米州条約〈1992〉
　第6条：締約国は、拷問行為ならびに拷問を行なおうとする行為をすべて刑法上の犯罪とし、そうした行為の深刻な性質に鑑みて、そうした行為が厳しく処罰されるようにしなければならない。

◇あらゆる形態の抑留または拘禁のもとにあるすべての者の保護のための諸原則〈1988〉
　原則6：あらゆる形態の抑留または拘禁のもとにある者は何人も、拷問または残虐な、非人道的なまたは品位を傷つける取り扱いまたは刑罰を受けない。

◇被拘禁者取り扱いのための最低基準規則（処遇最低基準）〈1955〉
　第31条：肉体に加える刑罰、暗室拘禁およびすべての残虐な、非人道的なまたは品位を傷つける刑罰は、規律違反に対する懲罰としては、完全に禁止されなければならない。

◇子どもの権利条約〈1989〉
　第37条(a)：いかなる子どもも、拷問またはその他の残虐な、非人道的なまたは品位を傷つける取り扱いまたは刑罰を受けない。

◇自由を奪われた少年の保護のための（国連）規則〈1990〉
　第67条：体罰、暗室収容、厳正独居拘禁などの対象少年の肉体的、精神的健康に悪影響を及ぼすべき処罰を含む、その他の残虐な、非人道的なまたは品位を傷つける取り扱いに該当する懲戒の措置はすべて厳に禁じられる。
　第87条(a)：拘禁施設の構成員または施設の職員は誰でも、いかなる口実においてもまたはいかなる状況においても、拷問その他いかなる形態の過酷で、残虐な、非人道的なまたは品位を傷つける取り扱い、刑罰、矯正または懲戒を行ない、そそのかし、または容認してはならない。

◇あらゆる形態の人種差別撤廃に関する国際条約〈1965〉
　第5条：締約国は、この条約の第2条に定める基本的義務に従い、あらゆる形態の人種差別を禁止しかつ撤廃し、および、人種、皮膚の色、国民的または種族的出身による差別なく、とくに次の諸権利の享有について、すべての者の法律の前の平等の権利を保障することを約束する。
　(b)公務員またはいかなる個人集団もしくは団体のいずれによって加えられるかを問わず、暴力行為または身体への危害に対して、国家による身体の安全および保護を受ける権利。

◇すべての移住労働者とその家族の権利の保護に関する国際条約〈1990〉
第10条：移住労働者とその家族は、拷問または残虐な、非人道的なもしくは品位を傷つける取り扱いまたは刑罰を受けない。
第16条2項：移住労働者とその家族は、公務員によるかまたは私人、私的集団または組織に

よるかにかかわらず、暴力、傷害、脅迫および威嚇に対して国家の効果的な保護を受けることができる。

◇女性に対する暴力撤廃に関する宣言〈1993〉
　第3条：女性は、政治的、経済的、社会的、文化的、市民的またはその他のいかなる分野においてもあらゆる人権および基本的自由を平等に享受しまたはその保護を受ける権利を有する。これらの権利には主に次のものを含む。
　(h)拷問またはその他の残虐な、非人道的なまたは品位を傷つける取り扱いまたは刑罰を受けない権利。

◇法執行官行動綱領〈1979〉
　第5条：法執行官は、拷問またはその他の残虐な、非人道的なまたは品位を傷つける取り扱いまたは刑罰を加え、教唆しまたは許容することができない……

◇拷問およびその他の残虐な、非人道的なまたは品位を傷つける取り扱いまたは刑罰から被拘禁者および被抑留者を保護するための、保健要員とくに医師の役割に関係のある医療倫理の原則(医療倫理原則)〈1982〉
　原則2：保健要員とくに医師が、拷問またはその他の残虐な、非人道的なまたは品位を傷つける取り扱いまたは刑罰への参加、謀議、教唆または実行計画を構成する行為に、積極的であると受動的であるとを問わず、従事することは、医療倫理の重大な違背であり、かつ、適用できる国際文書のもとでの犯罪である。

◇1949年8月12日のジュネーブ条約（共通条項第3条）
　……次の行為は、前記の者については、いかなる場合にも、また、いかなる場所でも禁止する。
　(a)生命および身体に対する暴行、とくに、……手足切断刑、残虐な取り扱いおよび拷問
　(c)個人の尊厳に対する侵害、とくに、侮辱的で品位を傷つける取り扱い

※以上の訳文は、あくまでも試訳ですので、原文（英文）をご参照ください。

参考文献：
『国際人権基準による刑事手続ハンドブック』宮崎繁樹ほか編著（青峰社、1991年）
『国際人権条約・宣言集第二版』田畑茂二郎ほか編（東信堂、1994年）
『移住労働者の権利を宣言する！―移住労働者の権利条約 条文・解説―』難民・外国人労働者問題キリスト者連絡会編（明石書店、1993年）
『少年司法と国際準則』沢登俊雄ほか著（三省堂、1991年）
『女性関連法データブック』国際女性の地位協会編（有斐閣、1998年）

付録3：拷問等禁止条約の各国による
批准および受諾・留保の状況

拷問等禁止条約を批准、加入あるいは承継した国は、条約の締約国としてその規定を遵守する義務を負う。批准はしていないが署名をしている国は、将来的に締約国となる意思を表明しており、その間、条約の趣旨や目的に違反する行為を停止する義務を負う。

国名	拷問等禁止条約	21条の受諾宣言*	22条の受諾宣言**
アイスランド	x	x	x
アイルランド	s		
アゼルバイジャン	x		
アフガニスタン	x(28)		
アルジェリア	x	x	x
アルゼンチン	x	x	x
アルバニア	x		
アルメニア	x		
アンティグアバーブーダ	x		
イエメン	x		
イスラエル	x(28)		
イタリア	x	x	x
インド	s		
インドネシア	x		
ウガンダ	x		
ウクライナ	x(28)		
ウズベキスタン	x		
ウルグアイ	x	x	x
英国	x	x	
エクアドル	x	x	x
エジプト	x		
エストニア	x		
エチオピア	x		
エルサルバドル	x		
オーストラリア	x	x	x
オーストリア	x	x	x
オランダ	x	x	x
ガイアナ	x		
カザフスタン	x		
カタール	x		
カナダ	x	x	x
カボベルデ	x		

国名	拷問等禁止条約	21条の受諾宣言*	22条の受諾宣言**
ガボン	s		
カメルーン	x		
ガンビア	s		
カンボジア	x		
ギニア	x		
キプロス	x	x	x
キューバ	x		
ギリシャ	x	x	x
キルギスタン	x		
グアテマラ	x		
クウェート	x		
グルジア	x		
クロアチア	x	x	x
ケニア	x		
コスタリカ	x		
コートジボワール	x		
コロンビア	x		
コンゴ民主共和国	x		
サウジアラビア	x		
ザンビア	x		
シエラレオネ	s		
スイス	x	x	x
スウェーデン	x	x	x
スーダン	s		
スペイン	x	x	x
スリランカ	x		
スロバキア	x	x	x
スロベニア	x	x	x
セーシェル	x		
セネガル	x	x	x
ソマリア	x		
大韓民国	x		
タジキスタン	x		
チェコ	x	x	x
チャド	x		
中国	x(28)		
チュニジア	x	x	x
チリ	x		
デンマーク	x	x	x
ドイツ	x		
トーゴ	x	x	x
ドミニカ共和国	s		
トルクメニスタン	x		

国名	拷問等禁止条約	21条の受諾宣言*	22条の受諾宣言**
トルコ	x	x	x
ナイジェリア	s		
ナミビア	x		
ニカラグア	s		
ニジェール	x		
日本	x	x	
ニュージーランド	x	x	x
ネパール	x		
ノルウェー	x	x	x
パナマ	x		
パラグアイ	x		
バーレーン	x		
ハンガリー	x	x	x
バングラデシュ	x		
フィリピン	x		
フィンランド	x	x	x
ブラジル	x		
フランス	x	x	x
ブルガリア	x(28)	x	x
ブルキナファソ	x		
ブルンジ	x		
米国	x	x	
ベニン	x		
ベネズエラ	x	x	x
ベラルーシ	x(28)		
ベリーズ	x		
ペルー	x		
ベルギー	x	x	x
ボスニア・ヘルツェゴビナ	x		
ポーランド	x	x	x
ボリビア	x		
ポルトガル	x	x	x
ホンジュラス	x		
マケドニア	x		
マラウィ	x		
マリ	x		
マルタ	x	x	x
南アフリカ	x	x	x
メキシコ	x		
モザンビーク	x		
モナコ	x	x	x
モーリシャス	x		
モルドバ	x		

国名	拷問等禁止条約	21条の受諾宣言*	22条の受諾宣言**
モロッコ	x(28)		
ユーゴスラビア	x	x	x
ヨルダン	x		
ラトビア	x		
リトアニア	x		
リビア	x		
リヒテンシュタイン	x	x	x
ルクセンブルグ	x	x	x
ルーマニア	x		
レバノン	x		
ロシア	x	x	x
未批准・未署名の国ぐに： アラブ首長国連邦、アンゴラ、アンドラ、イラク、イラン、エリトリア、オマーン、ガーナ、ギニアビサウ、キリバス、グレナダ、コモロ、コンゴ共和国、サモア、サントメプリンシペ、サンマリノ、ジブチ、ジャマイカ、シリア、シンガポール、ジンバブエ、スリナム、スワジランド、赤道ギニア、セントクリストファーネビス、セントビンセントグレナディーン、セントルシア、ソロモン諸島、タイ、タンザニア、中央アフリカ共和国、朝鮮民主主義人民共和国、ツバル、ドミニカ、トリニダードトバゴ、トンガ、ナウル、ハイチ、パキスタン、バチカン市国、バヌアツ、バハマ、パプアニューギニア、パラオ、バルバドス、ビルマ（ミャンマー）、フィジー、ブータン、ブルネイ、ベトナム、ボツワナ、マーシャル諸島、マダガスカル、マレーシア、ミクロネシア、モーリタニア、モルディブ、モンゴル、ラオス、リベリア、ルワンダ、レソト			

凡例：

 s 批准はしていないが、署名済み。

 x 批准、加入あるいは承継によって締約国となっている国。さらには、21条または、22条の受諾宣言をしている国。

 (28) 条約の28条に基づいて、締約国の領域内における拷問の制度的な実行の存在が十分な根拠をもって示されていると認める信頼すべき情報を受領した場合の、委員会による秘密調査の権限を認めないと宣言している国。

＊国家通報制度
＊＊個人通報制度

注

1 世界人権宣言第5条。
2 アドリアン・ワイが「とくに残忍な」と形容した看守のニックネーム。
3 *Singapore: Cruel Punishment* (AI Index: ASA36/03/91) より。シンガポールでは、いまだにある種の刑事犯罪について杖刑が適用される。
4 拷問等禁止条約第1条にある拷問の定義は、「合法的制裁」から生じる苦痛を明確に除外している。
5 自由権規約委員会、一般意見20、1992年、第5段落。
6 2000年4月20日の国連人権委員会決議2000/43。
7 拷問に関する特別報告者の報告、UN Doc.E/CN.4/1997/7、第6段落。
8 *Pakistan: Honour killings of girls and women* (AI Index: ASA33/18/99)、日本語版:「パキスタン——名誉という名の暴力」(『のら』第26号、2000年)。
9 *Female Genital Mutilation: A Human Rights Information Pack* (AI Index: ACT77/05/97)、日本語版:「女性性器切除」(『のら』第24号、1999年)。
10 *Israel: Human rights abuses of women trafficked from countries of the former Soviet Union into Israel's sex industry* (AI Index: MDE15/017/00)、日本語版:「イスラエル——旧ソビエト連邦諸国からイスラエルのセックス産業へ売られた女性たちに対する人権侵害」(『のら』第27号、2000年)。
11 CCPR/C/79/Add.93、1998年7月28日に採択された最終見解、第16段落。
12 自由権規約委員会、一般意見20、1992年。
13 *A v. the United Kingdom* (application 25599/94) 事件。
14 「当然払うべき努力」の基準は、米州人権裁判所によって、ベラスケス=ロドリゲス事件の1988年の判決の際適用された。すなわち、「人権を侵害し、初めは直接には国家に帰することができない不法行為(例えば、それが私人による行為である、あるいはその責任者が確定できていないという理由で)が、その行為そのものによってではなく、その不法行為を防止するために当然払われるべき努力の欠如、または国連条約が求めるように不法行為に対応するために当然払われるべき努力の欠如によって、その国の国際的な責任が問われることになり得る」。この基準は国際的な法律文書に盛り込まれており、各国の裁判所とともに、人権専門家や国連機構の手によって作成されている。
15 *Bosnia-Herzegovina -- How can they sleep at night？Arrest Now！* (AI Index:EUR63/22/97)
16 例えば、あらゆる形態の人種差別撤廃に関する国際条約、女性に対するあらゆる形態の差別撤廃に関する条約、宗教および信条に基づくあらゆる種類の不寛容および差別の撤廃に関する宣言、子どもの権利条約、参照。
17 あらゆる形態の人種差別撤廃に関する国際条約は、「人種、皮膚の色、門地、国籍、民族的出自」に基づく差別に言及している。
18 すべての移住労働者とその家族の権利の保護に関する国際条約は、1990年に国連で採

択されたが、十分な数の国が批准していないため、2000年10月現在で、いまだに発効していない。

19　女性に対する暴力撤廃に関する宣言では、「公の場、私的な場であるとにかかわらず、女性に対する肉体的、性的、心理的危害あるいは苦痛をもたらす、またはもたらし得る性差に基づく暴力行為と、そうした行為をするという脅迫、威圧、恣意的な自由のはく奪」をすべて「女性に対する暴力」としている。それは、「どこで起ころうと、国家によって直接なされたか、または国家が容認した暴力」「家庭や一般社会で起きた暴力」を含む。

20　*Sierra Leone: Rape and other forms of sexual violence against girls and women* (AI Index:AFR51/035/00) 参照。

21　人権委員会への報告、1988年1月26日 (E/CN.4/1998/54)。

22　例えば、女性に対する暴力撤廃に関する宣言、女性差別撤廃委員会の一般勧告第19号および最終見解、女性に対する暴力の防止、処罰、廃絶に関する米州条約、参照。さらに、女性に対する暴力に関する国連と特別報告者の勧告も参照のこと。

23　アスマ・ジャハンギルは現在、超法規的な、即決のおよび恣意的処刑に関する国連特別報告者を務めている。

24　*Public Scandals: Sexual Orientation and Criminal Law in Romania*, International Gay and Lesbian Human Rights Commission/Human Rights Watch, 1998.

25　子どもの権利条約第37条、少年司法運営のための国連最低基準規則(「北京規則」)、少年非行防止のための国連ガイドライン(「リヤド・ガイドライン」)。

26　*Regina v. Bartle ex parte Pinochet*, House of Lords, 24 March 1999.

27　*Universal Jurisdiction: 14 principles on the effective exercise of universal jurisdiction* (AI Index: IOR 53/01/99)を参照。

28　アムネスティは、*Checklist for Effective Implementation* (AI Index: IOR40/011/00)を用意し、国際刑事裁判所設置規程の履行を有効なものにするために、国が講ずるべき措置を詳述している。

29　*Torture in Russia -- This man made Hell* (AI Index: EUR 46/04/97).

30　CINATを構成しているのは、アムネスティ・インターナショナル、APT (Association for the Prevention of Torture)、FIACAT (International Federation of Action of Christians for the Abolition of Torture)、IRCT (International Rehabilitation Council for Torture Victims)、Redress: Seeking Reparation for Torture Survivors、OMCT (World Organization Against Torture)の6つ。

31　国連機構にアクセスする方法について、NGOにしぼった情報に関しては、次を参照。*The Torture Reporting Handbook: How to document and respond to allegations of torture within the international system for the protection of human rights*, Camille Giffard, Human Rights Centre, University of Essex, 2000.

この文献は、以下から入手可能。the Human Rights Centre, University of Essex, Wivenhoe Park, Colchester CO43SQ, UK; http://www.essex.ac.uk/torturehandbook

32　*The Independent* (2000年5月25日)。

33　IRCT (International Rehabilitation Council for Torture Victims) のウェブサイト (http://www.irct.org/about_torture.htm) より。

34　UN Doc CAT/C/16/D/41/1996.

35　Gorlick, Brian, "The Convention and the Committee against Torture: A Complementary Protection Regime for Refugees", in *International Journal of Refugee Law*, Vol.II, No.3, 1999.

36　the Physicians for Human Rights のウェブサイト (http://www.phrusa.org/research/istanbul.html) ですべて入手可能。

37　国連人権委員会、2000年4月20日採択の決議2000/43（付属文書）。

38　Minutes of the General Council of the Colegio Mé dico de Chile, 1 November 1985, cited in *Medicine Betrayed*, British Medical Association, Zed Books, 1992.

39　アムネスティは死刑を、残虐で非人道的な、品位を傷つける刑罰の究極であると見なしている。また、死刑そのものにともなう苦痛と、国家の手によって決められた死を来る日も来る日も黙って待っていなければならないという悲惨な経験ゆえに、アムネスティは死刑が、生存権とともに、拷問およびその他の残虐な、非人道的なまたは品位を傷つける取り扱いまたは刑罰を受けない権利を侵害していると考える。

40　"Helen versus hell", by Neil Belton, *Gardian*, 10 January 1999.

41　*Captured Voices*, Victor Gollancz, London, 1999.

アムネスティ・インターナショナル日本
翻訳ボランティア（五〇音順）

阿部理恵子
河原田美哉子
佐藤みさ子
寺崎みどり
轟木洋子
藤岡美香子
法山郁雨

拷問はいま……
癒されぬ傷跡

2001年1月10日　第1版第1刷発行

著　者　アムネスティ・インターナショナル
訳　者　社団法人アムネスティ・インターナショナル日本
発行人　成澤壽信
編集人　桑山亜也
発行所　株式会社 現代人文社
　　　　〒160-0016東京都新宿区信濃町20 佐藤ビル201
　　　　電話:03-5379-0307(代)　FAX:03-5379-5388
　　　　E-mail: genjin@gendaijinbun-sha.com
発売所　株式会社 大学図書
印　刷　株式会社 シナノ
装　丁　清水　徹
検印省略　Printed in JAPAN
ISBN4-87798-031-8 C0036
©2001 Amnesty International Japan

本書の一部あるいは全部を無断で複写・転載・転訳載などをすること、または磁気媒体等に入力することは、法律で認められた場合を除き、著作者および出版者の権利の侵害となりますので、これらの行為を行なう場合には、あらかじめ小社または編者者宛に承諾を求めてください。